墨香财经学术文库

"十二五"辽宁省重点图书出版规划项目

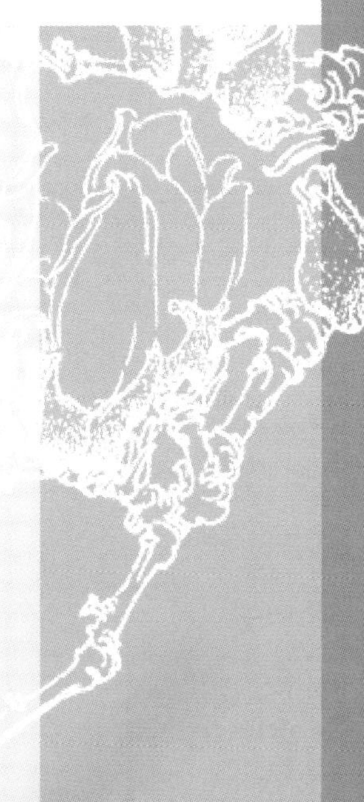

The Real Shock, Financial Drive and Monetary Policy Regulation of Macroeconomic Cycle

丁娅楠 ◎ 著

宏观经济周期的实体冲击、金融驱动与货币政策调控

大连

图书在版编目（CIP）数据

宏观经济周期的实体冲击、金融驱动与货币政策调控 / 丁娅楠著. —大连：东北财经大学出版社，2022.12
（墨香财经学术文库）
ISBN 978-7-5654-4715-0

Ⅰ. 宏… Ⅱ. 丁… Ⅲ. 宏观经济-经济周期分析-经济政策-研究-中国 Ⅳ. F120

中国版本图书馆CIP数据核字（2022）第234975号

东北财经大学出版社出版发行
大连市黑石礁尖山街217号 邮政编码 116025
网 址：http：//www.dufep.cn
读者信箱：dufep @ dufe.edu.cn
大连永盛印业有限公司印刷

幅面尺寸：170mm×240mm 字数：147千字 印张：10.25 插页：1
2022年12月第1版 2022年12月第1次印刷
责任编辑：李 彬 王 娟 责任校对：何 力
徐 群 时 博
封面设计：冀贵收 版式设计：原 皓
定价：48.00元

教学支持 售后服务 联系电话：（0411）84710309

举报电话：（0411）84710523
如有印装质量问题，请联系营销部：（0411）84710711

前　言

我国经济进入新常态以来，无论是经济增长整体运行态势，还是潜在发展趋势，都在新的环境和条件下出现了新的变化，经济增长均值下滑，潜在经济增长率从高速降至中高速已成共识。进入后金融危机时代后，我国经济运行中不断出现各种衰退性泡沫风险，经济波动日趋显著。当前正面临着经济驱动转移、经济结构优化和经济增速换挡等一系列新问题，同时也面临着国际经济政策和形势对其的联动影响。随着金融市场日益复杂化和标准化，经济动荡日益剧烈的同时，金融风险也逐渐凸显，关于金融驱动对经济周期波动的影响机制逐渐受到广泛关注。另外货币政策作为防范金融冲击带来的系统性风险的重要工具，货币政策的合理调控不仅可以防范金融冲击对宏观经济带来的系统性风险，也能够防止经济进一步的下行，对其目标、框架和实施规则的发展和完善也刻不容缓。有鉴于此，本书在对新常态时期我国经济波动特征进行整体阐述后，深入分析了经济波动的实体冲击和金融冲击两方面驱动因素产生的不同效应，并通过考察不同货币政策中介目标对于经济周期波动调控的有效性来指明货币政策的转型方向，以期改善和加强未来的宏观经济调控，促进经济健康平稳发展。全书的研究主要由如下7章内容构成：

第1章是绪论，对于相关文献的理解和拓展，是研究经济周期波动驱动因素和提出相关政策建议的基础。这一部分首先阐明了选题的背景及意义，指出在市场化进程逐渐完善和金融市场日益复杂化的背景下，探究经济波动的金融冲击因素和货币政策转型的必要性。然后对经济周期、金融冲击以及货币政策有效性的相关理论和文献进行了回顾和综述。

第2章对我国经济波动的趋势性特征和波动态势进行了描述和检验，并对我国经济收缩模式成因进行了深度剖析。研究发现，现阶段我国经济波动的收缩模式的持续期、位势和波动幅度都将出现一定程度的下降，经济目前应该处于筑底回升阶段，一旦经济在反复中积蓄足够力量，我国经济仍有可能呈现类似于“软着陆”以后的连续活力W形反弹的“软扩张”。另外，经济收缩的程度与经济基础和经济结构密切相关，我国应该积极推进经济结构的深化改革，夯实经济基础，这样才能减轻经济收缩对宏观经济和人民生活的影响。

第3章构建了包含大量实体冲击的DSGE模型，并基于脉冲响应分析、方差分解和历史分解分析，来研究中国经济波动的实体冲击因素。结果表明，供给冲击是影响主要宏观经济变量的重要因素，且长期作用更大，而需求冲击对我国经济周期波动的影响较弱。为防止经济进一步下行，政府应该结合多种宏观经济政策来促进经济的均衡发展。另外，各主要经济变量均会受到货币政策的影响，这表明货币政策在熨平经济波动方面有着举足轻重的地位。

第4章基于引入金融摩擦的DSGE模型对我国经济波动的金融冲击与传导机制进行了探讨。结果发现，影响产出波动的主导因素是通胀冲击、技术冲击和资本质量冲击，当摩擦系数较低时，金融市场具有更强的传导与放大冲击的作用。换言之，“金融加速器”效应存在于我国金融市场中，而货币政策冲击对于各经济变量的短期反周期性和可调控性体现出了货币政策工具熨平经济波动的有效性。

第5章考察了经济周期不同阶段价格型和数量型货币政策工具的调控效应差异。结果发现，随着经济周期的更迭，货币当局的利率政策操作会产生不同的调控作用，但总体上对产出的作用更为直接，收敛速度较快，可有效平抑经济周期波动。而短期内数量型货币政策工具可以对经济产生显著的推动作用，但当广义货币供给量增加时，远期福利成本约束的存在削弱了数量型货币政策的有效性。货币中介目标由数量型向价格型转型是必然趋势。

第6章借助TVP-FA-VAR模型来研究社会融资规模这一新的货币政策指标对经济周期波动调控效应的有效性。研究结果表明，若以抑制产出波动为宏观调控的最终目标，M2和社会融资规模的调控效果比较适中，更适合作为中介目标。但随着M2对实体经济影响的逐渐弱化和人民币贷款占比的不断下降，社会融资规模越来越成为货币当局监管货币环境的重要参考依据。另外，政府不应过度采取政策刺激来拉动经济复苏，要考虑到政策对资产价格的复杂影响，避免资产价格大幅波动。

第7章对前述研究的分析结果进行了全面的总结，指出在当前面临的实体冲击中供给端因素对经济波动的作用较大，但随着金融市场结构的不断调整，未来金融摩擦的传导与放大效应会使得金融冲击具有更重要的影响效力。由于当前金融市场制度和体系尚未完善，因此货币政策的合理实施可以有效抑制这种放大作用。而传统的数量型货币政策工具调控经济较为复杂，不再满足当前社会的实际发展需要，亟须转型。而社会融资规模有望成为下一阶段的新型货币政策中介目标。就现阶段而言，我国应该在需求管理的基础上，通过经济结构调整和发展方式转变，寻求供给驱动因素，有效解决抑制经济发展的供给短缺因素，积极把握、推进和发展以技术创新为主的驱动因素。另外，由于货币政策具有高灵敏性特征，央行在制定相关货币政策时，应当更加谨慎地结合多种宏观经济政策来维持经济“稳中求进”和合理运行。本书从理论和实证角度研究了我国经济周期波动的趋势性特征以及实体冲击和金融冲击对经济波动的影响和贡献，并考察了货币政策调控转型趋势，为提高货币政策有效性提供了政策建议。这对于精确指导当前我国结构性调整方向，防范金融冲击带来的系统性风险，维持经济环境稳定和改善宏观经济调控具有重要意义。

丁娅楠

2022年10月

目　录

第1章　绪论

中国经济进入新常态以来，无论是经济增长整体运行态势，还是潜在发展趋势，都在新的环境和条件下出现了新的变化，经济增长均值下滑，潜在经济增长率从高速降至中高速已成共识。当前我国面临着经济驱动转移、经济结构优化和经济增速换挡等一系列新问题，同时也面临着国际经济政策和形势对其的联动影响。近年来经济动荡日益剧烈的同时，金融风险也逐渐凸显，如2008年的全球金融危机，2015年的股价大跌等都意味着金融市场对经济的影响力显著提升。随着市场化进程的逐步完善，金融市场日益复杂化和标准化，经济波动的金融冲击及其传导机制逐渐受到理论与应用经济学的广泛关注。而货币政策的合理调控不仅可以防范金融冲击对宏观经济带来的系统性风险，也能够防止经济进一步的下行。在过去的30多年间，我国货币政策的首要目标已由经济增长逐渐转为维持币值稳定，而其中间目标也由贷款规模转为货币供应量和社会融资规模。但货币政策转型的国际经验和中国特征也反映出，随着利率市场化和金融创新的推进，我国货币政策框架转型刻不容缓。因此对于我国货币政策有效性的考察有助于改善和加强未来的宏观经济调控，促进经济健康平稳发展。

对于相关文献的理解和拓展，是研究经济周期波动驱动因素和提出相关政策建议的基础。因此本章首先阐述了选题背景和意义，然后对经济周期、金融冲击和货币政策有效性的理论基础以及相关文献进行了回顾与梳理，最后对研究创新点和结构安排进行了概述。

1.1 选题背景和意义

1.1.1 研究背景

经济增长与经济周期波动是宏观经济研究中两个同样重要的方面，历史的经验与理论研究都证明，经济增长过程中出现的上下波动趋势是始终存在的。自1978年改革开放以来中国经济以年均近10%的增速持续快速增长，如今国内生产总值已经增长到80万亿元，成为世界上最大的发展中国家和全球第二大经济体，超越了如法国、德国、英国和意大利等世界排名靠前的发达国家经济体。

中国经济从起飞到加速的发展成就是举世瞩目的，而经济发展同时大幅波动也屡次出现。例如发生于1988年的通货膨胀，抢购是导致该通胀的原因，且在这之后进行了为期3年的治理整顿。随后投资导致了20世纪90年代也出现了高通胀现象，而1998年转为通货紧缩。2008年爆发了全球性金融危机，短期内迅速攀升的银行名义利率导致大量次级债务违约，最终使得整个经济系统产生了较大的经济波动。而此时，中国政府为了扩大内需和缓解经济压力推出了4万亿投资计划和十项措施，最终成功使得经济平稳着陆，同时促进了世界经济的复苏，自此全球迎来后危机时代。次贷危机例证使得研究者逐渐认识到金融摩擦对宏观经济影响的重要性。从2012年开始，我国年经济增速跌破8%，从2012年的7.7%下降至2016年的6.7%，但在主要经济体中仍然位居前列，经济增长呈现出稳中趋缓的特征，同时经济向创新驱动转移以及经济结构优化等种种特征反映出我国经济已经处于全新的发展阶段。

近年来，我国经济不断积累和释放的金融系统风险日益突出，资金方面也逐渐显现出了“脱实就虚”的流动性困局，在市场情绪总体低迷的状态下，流动性向实体经济渗透能力大幅度下滑，同时“衰退性泡沫”持续出现。例如鄂尔多斯和温州在2010—2011年出现民间借贷危机，之后“城投债”危机发生于2011—2012年，2013年同业拆借利率飙升引发了流动性危机，2014年“超日债”等公司债危机频繁出现，而2015年先后发生了“天威债”危机、“大股灾”危机和汇率恐慌，这些接连发生的危机均由各种衰退式泡沫所引发。中国股市从2014年6月开始启动，在不到一年的时间内，股市大涨，2015年中国股市泡沫首先加速形成，随后经历了泡沫突然破灭和痛苦消化的过程。造成该现象的原因可以归结为政策调整、制度改革、结构性因素以及流动性转向等。在股市泡沫加速形成阶段，金融收益与生产领域收益的背离程度加剧，这导致金融市场泡沫与生产领域萧条的并存；在股市泡沫突然破灭阶段，利用大腾挪来去杠杆，利用股市繁荣来改变生产领域低迷和利用融资融券来提升股市景气的计划均以失败告终，股市随后陷入低迷，尽管救市政策不断出台，也没能使股指在波动中回升。股市在短期的快速回落所带来的宏观冲击大大超越以往的水平。而后，在过度宽松的房地产政策和超乎预期的货币宽松政策作用下，负利率、资产荒等给保值带来巨大压力，土地供应开始“饥饿营销”，这使得2016年房地产市场极其火爆，年初房价就在上海等一线城市的带动下出现疯涨的行情，销售量和销售额都创下历史新高。随着政府调控力度不断加码，2017年房价呈现小幅度下跌趋势。回顾我国近20年的经济动荡，金融冲击的风险逐渐积聚，危机发生的频率越来越高，且其每次爆发都会对市场信心和金融系统产生一定的冲击，同时也带来经济转型风险，并对宏观经济产生巨大冲击和持续的影响。

1.1.2 选题意义

剧烈的经济波动会危害到社会的安定与繁荣，因此分析经济周期波动的性质和来源，把握波动的特征，对于维持经济环境稳定和改善宏观经济调控是至关重要的。具体来说，若出口是经济波动的主要驱动因素，则制定贸易政策如出口退税等可以对其进行平滑；若投资是经济波动的来源，则私人投资的波动可以由政府性支出来平滑；若经济不稳定因素来自货币冲击，则需要通过有效的货币政策来调控；若经济不稳定因素来自金融市场，则需要采取相关措施来稳定金融体系。

自2008年次贷危机之后，经济周期波动性日益明显，国内经济发展受到阻碍。随着中国金融市场的改革和金融开放程度的提高，各种衰退式泡沫的频繁出现——如“天威债违约”、股灾、汇率恐慌以及“中钢债违约”等——对我国经济稳定造成了一定的冲击，金融摩擦对实体经济的影响逐渐突出，同时也表明精确指导对于当前我国结构性调整而言是非常重要的，在现有的监管体系和利益格局下，金融政策和货币政策不仅无法达成既定目标，还会成为新的风险触发器和风险源。由于金融市场会加速和放大各种冲击，而金融风险也具有国际传导机制，这使得金融体系与宏观经济的关联日益紧密，也让宏观经济调控面临着新的挑战。因此，理解金融冲击对于经济波动的传导机制有助于识别现阶段经济冲击和经济波动的主要来源。而货币政策的合理调控不仅可以防范金融冲击对宏观经济带来的系统性风险，也能够防止经济的进一步下行。为此，本书从理论和实证角度研究了我国经济周期波动的趋势性特征以及实体冲击和金融冲击对于经济波动的影响和贡献，并考察了货币政策调控转型趋势，以期为提高货币政策有效性提供一些政策建议。

1.2 文献综述与相关理论回顾

1.2.1 经济周期的相关理论综述

一直以来，对于宏观经济运行方式和经济周期的研究是宏观经济学家关注的热点问题，并且在激烈的争论中，大量的研究成果和经验证据顺应而出。人们对经济周期问题的相关探索和研究自计量经济学诞生之日起就没有间断过。出于对经济周期及相关问题的历史借鉴，本节对其相关理论及模型的研究发展历程作出重点勾勒。在特定的历史背景下，经济周期理论存在差异，理论的演变进程可以分为四个阶段：第一阶段同步于古典政治经济时期，始于18世纪末19世纪初；第二阶段同步于新古典主义经济时期，始于19世纪70年代；第三阶段始于1936年的凯恩斯革命；第四阶段始于20世纪70年代，以现代经济周期理论的发展为基础。为此，本节对这些相关理论与模型进行回顾和梳理。

1.古典学派与凯恩斯学派经济周期理论

（1）古典学派经济周期理论

在18世纪末19世纪初，经济周期理论开始发展，萨伊定律、货币数量理论和马克思主义理论等奠定了现代经济周期理论的基础。古典经济学家最早开始对经济增长起源的解释进行系统化研究，认为经济周期上下波动不会产生任何效应，只是经济增长过程中短暂的停顿。

此期间学者们的观点是，分析经济波动成因的前提是寻求促进经济增长的核心要素。亚当·斯密在《国富论》中阐述了劳动分工与专业化程度的提高是社会财富的主要来源。亚当·斯密认为完全自由社会中的竞争和人性本质中的自利犹如一只“看不见的手”，引导着个人和国家财富的最大化增长。斯密和其他古典经济学家将生产过程中工人、地主和资本家三个社会阶层的收入分配决定因素作为其解释经济增长的前提。另外，该时期学者们也基于增长理论框架对衰退进行了研究，认为获得收益后的非生产性使用、政府干预以及垄断均是造成经济衰退的原因。萨伊（Say，1803）在《政治经济论述》中提出了以“供给创造其自身的需求”为核心思想的萨伊定律。多数古典经济学家据此认定“看不见的手”可以使经济的衰退状态自然消失。该定律是古典经济学对于经济周期成因和性质分析的基础，也体现于新古典经济学理论中。

此后，由Jevons（1884）提出的外生周期理论对经济周期波动作出了初期解释，该研究认为经济周期波动是由太阳黑子的出现引起的。另外，古典经济学中的货币数量理论从其他角度对经济周期波动进行解释。该理论可由下式加以描述：

$$MV=PT \tag{1.1}$$

其中，M为货币供给量，V为货币流通速度，P为商品和服务价格；T为商品流通量。上式是市场均衡的另一种表现形式，供给是交易中商品和服务的价格与数量的乘积，需求则是货币周转速度与货币供给量的乘积。在均衡点，一定有：

$$MV=PT=GDP \tag{1.2}$$

古典经济学家设定常数k来代表流通速度，则有kM=PT。在充分就业水平下，假设短期内全社会交易量T为常数，那么价格水平只会受到货币供给的影响。

20世纪30年代以前，经济学家们大多只注重宏观经济增长与波动的微观分析，而忽略了二者之间的关联。当时的经济周期理论分为纯货币理论和过度投资理论两种。其中，纯货币理论的典型范例是Hawtrey（1929）提出的周期模型，他指出导致经济扩张的重要原因是银行对企业的贷款利率下降，即利率变化是经济周期波动的主要驱动因素。而Hayek（1993）是过度投资理论的代表，他认为当自然利率高于实际利率时，会导致经济上的过度投资。货币过度投资理论旨在强调低利率和银行信用货币扩张的重要性。古典经济学派的这些理论着眼于不同分析方法，运用统计工具对其是否符合实际经济行为作出了检验。

（2）凯恩斯学派经济周期理论

大萧条时期凯恩斯提出货币政策并不只是固定参照物，社会经济不会自动地沿着最优路径前进。随后，20世纪30年代末英国实行自由贸易政策并应用李嘉图比较优势理论使本国发展达到了巅峰。自此凯恩斯主义逐渐成为经济学界的主流思想。大萧条全面出现后全球经济衰退，学者们开始质疑以生产带动经济的模式和经济的自动调整特性。1936年凯恩斯出版了《就业、利息和货币通论》这一经典著作，解释了大萧条产生的原因在于投资和生产领域中的投机风潮，他强调“需求不足”的重要性，肯定了政府对于经济调控的作用。凯恩斯主义明确否定了古典主义的货币数量理论和萨伊定律，该理论可概括为：产出和收入水平对总需求的影响微弱，而投资变动会导致总需求成倍波动。利率期望或水平的变化会引起产出、投资、就业和总需求随之变动。另外，对商品的总有效需求的预期决定了该生产规划。

凯恩斯主义的经济周期理论是对《就业、利息和货币通论》的发展和延伸，其解释了经济陷入衰退和危机的最重要因素是利润，对于期望利润下降的作用进行了重点强调。凯恩斯认为在经济繁荣期，资本存量的不断上升会导致产能过剩，这降低了预期利润，从而造成投资减少，经济也随之下行。另外，基于这种情况，凯恩斯主义认为扩大投资可以使经济摆脱衰退的困境，对于恢复就业水平，加强政府投入基础设施建设的力度相当重要，可以有效促进经济发展。他的政策建议在第二次世界大战后受到许多政府的重视和采纳。20世纪40年代以后，标准凯恩斯方法被广泛采纳。凯恩斯学派强调经济中存在摩擦因素，并肯定政府干预对稳定经济发挥的作用，认为短期内工资和价格是刚性的，也对货币因素对需求的影响作出了讨论。其中，最著名的经济周期模型是有效需求和乘数-加速模型。

乘数-加速模型是凯恩斯模型较早的例子，该模型中只包括三个关系：

$$Y_t = C_t + I_t \tag{1.3}$$

$$C_t = a + bY_{t-1} \tag{1.4}$$

$$I_t = v(Y_{t-1} - Y_{t-2}) \tag{1.5}$$

这里Y、I、C、v分别为产出、投资、消费、投资加速度，a和b代表固定消费和边际消费倾向MPC。由上式可以推出：

$$Y_t = a + (b + v)Y_{t-1} - Y_{t-2} \tag{1.6}$$

式（1.6）是总产出的二阶差分方程。由于乘数=1/（1-MPC）=收入变化/投资变化，乘数效应会放大投资微小变动的作用，使其通过影响消费者支出来对国民收入造成更大影响，而收入变动也会通过乘数效应增加一定量的新投资。该过程反复循环造成累积扩张，达到一定程度后，扩张速度日趋缓慢，由此引起了消费需求下降速度变慢，进而抑制了产出的增长，另外加速数会导致投资减少，最终引发经济危机，这个过程是周而复始的。

有效需求经济周期模型是凯恩斯学派的另一个主要模型，表达式如下：

$$Y_t = C_t + I_t \tag{1.7}$$

$$Y_t = \prod_t + W_t \tag{1.8}$$

$$W_t = w + gY_t \tag{1.9}$$

$$C_t = a + b\prod_t + W_t \tag{1.10}$$

$$I_t = v(C_t - C_{t-1}) \tag{1.11}$$

其中W为劳动收入（工资），$\prod$为投资收入（利润），g为劳动收入占国民收入的比例，v代表投资加速数，a为自发性最低消费水平，b为在利润中消费所占的比例。整理上述方程可得：

$$Y_t = H + AY_{t-1} - BY_{t-1} \tag{1.12}$$

其中，H=a+w−bw，A=（b−bg+g)(1+v)，B=v(b−bg+g)。

经济复苏后，劳动收入和投资随着国民收入的增长而增长，产出需求也由于更多的消费支出而扩张，新投资在加速器原理的作用下更多地出现，进而提高收入并降低失业。当处于持续的经济扩张阶段时，工资黏性的存在使得大部分利润流向生产商，造成了在投资和消费中总收入的不合理分配。由于企业收入的主要用途不在于消费，随之下降的有效需求会引发新一轮的经济衰退。

2.实际经济周期理论和RBC模型

实际经济周期（Real Business Cycle，RBC）理论在20世纪80年代由Taylor、Barro、Kydland等人提出。该理论的观点是，经济实现充分就业的均衡可以由市场机制自发完成，市场自身是完善的，而全要素生产率等经济体系之外的实际冲击（外部冲击）造成了经济周期性波动。RBC理论认为外部冲击分为两种，分别引起总需求和总供给的变动，其中技术进步是引起产出波动的最重要因素。RBC模型认为市场是出清的，生产函数中包括受到随机游走的技术冲击，以追求利益最大化、具有无限期界的家庭作为经济人代表，并且以竞争性均衡现象来描绘经济波动。King（1984）、Hairault和Portier（1993）等研究指出，在经济周期模型中引入价格和工资黏性可以提升其对经济事实的拟合效果。Carlstrom和Fuerst（2002）为探究货币冲击受到内生代理成本影响而放大和传播的机制，将内生代理成本考虑在RBC模型中并引入了货币因素。

下面对RBC理论的基本方法进行相关介绍。首先，RBC模型有三个基本假设：一是经济系统由大量永续同质家庭构成；二是家庭的技术冲击均为齐次马尔可夫过程；三是资本和劳动市场是完全竞争的。基于以上假设，在t时刻家庭部门的最大化效用为：

$$\mathrm{Max}E_t\left[\sum_{j=0}^{\infty}\beta^t u(c_{t+j}, 1-h_{t+j})\right] \tag{1.13}$$

其中，$l_t = 1 - h_t$和c_t分别为在t时刻闲暇和消费，h_t代表在t时刻提供的劳动，β是贴现因子，且$0<\beta<1$。这里函数u满足：$u_c' > 0$，$u_{cc}'' < 0$，$\lim_{l\to\infty} u_l' l = 0$。

假设每个家庭的生产函数均表现为：

$$y_t = z_t f(h_t^d, k_t^d) \tag{1.14}$$

其中，y_t为家庭在t时期的产量，k_t^d和h_t^d分别代表在t时期家庭所投入的资本和劳动，z_t代表t时期技术水平，由z_{t-1}决定其条件分布。生产函数f是一阶齐次函数，也即生产规模报酬不变，且边际产出递减。家庭的产出用于储蓄或消费，而下一期的生产资本由储蓄形成。

令q_t代表资本市场中的租赁率，w_t代表劳动市场中工资率，则家庭部门t时期面临的预算约束为：

$$c_t + k_{t+1} = z_t f(h_t^d, k_t^d) + (1-\delta)k_t - w_t(h_t^d - h_t) - q_t(k_t^d - k_t) \tag{1.15}$$

家庭部门在式（1.15）的约束下寻求效用最大化。下面为效用最大化的一阶条件：

$$E_t u_1(c_{t+j}, 1-n_{t+j}) - E_t\lambda_{t+j} = 0 \tag{1.16}$$

$$E_t u_2(c_{t+j}, 1-n_{t+j}) - E_t\lambda_{t+j}w_{t+j} = 0 \tag{1.17}$$

$$E_t z_{t+j} f_1(n_{t+j}^d, k_{t+j}^d) - E_t w_{t+j} = 0 \tag{1.18}$$

$$E_t z_{t+j} f_2(n_{t+j}^d, k_{t+j}^d) - E_t q_{t+j} = 0 \tag{1.19}$$

$$-E_t\lambda_{t+j} + E_t\beta\lambda_{t+j+1}\left[Z_{t+j+1}f_2(n_{t+j+1}^d, k_{t+j+1}^d) + 1 - \delta + q_{t+j+1}\right] = 0 \tag{1.20}$$

其中，λ_{t+j}为拉格朗日乘子。为防止边角解的出现，还需满足如下横截性条件：

$$\lim_{k\to\infty} E_t\beta^{j-1}\lambda_{t+j}k_{t+j+1} = 0 \tag{1.21}$$

基于以上条件进行求解可以得出：

$$h = \frac{\alpha\theta}{\alpha\theta + (1-\theta)(1-\beta(1-\alpha))} \tag{1.22}$$

$$c_t = (1-(1-\alpha)\beta)h^{\alpha}z_t k_t^{1-\alpha} \tag{1.23}$$

$$k_{t+1} = (1-\alpha)\beta h^{\alpha}z_t k_t^{1-\alpha} \tag{1.24}$$

其中，k_t的对数服从如下形式的随机分布：

$$\log k_{t+1} = \phi_0 + (1-\alpha)\log k_t + \log z_t \tag{1.25}$$

3.新凯恩斯经济周期理论与DSGE模型

新凯恩斯主义理论在1980年以后开始复兴，以微观基础对凯恩斯主义的相关理论与政策作出了重述。新凯恩斯主义指出经济波动受需求和供给两方面的双重影响，对理性经济人的假设进行了修正，并且认为货币在短期内并非中性，因此政府积极争取的货币和财政政策可以发挥良好作用。由Kydland和Prescott（1982）开创性提出的动态随机一般均衡（Dynamic Stochastic General Equibrium，DSGE）方法为研究经济波动提供了微观基础。此后，DSGE方法逐渐为西方学术界所推崇，广泛用于经济周期波动的研究中。如Kim（2000）在DSGE模型中引入实际和名义的价格与工资黏性实现了对美国经济周期的有效模拟。

下面对经典的新凯恩斯货币DSGE模型进行简单介绍（参考Lubik和Schorfheide，2004）。首先假定经济由货币当局、垄断竞争企业、代表性家庭构成。央行制定货币政策规则，即通过对通胀率与产出偏离的预期来调整利率。假定财政和货币政策均服从李嘉图体制，与习惯存量和实际货币余额M/P相关的消费C决定了代表性家庭的效用。这里假设由技术水平A决定习惯性存货，以保证平衡增长路径。另外，对于家庭而言，家庭对于工作时间h满足边际效用递减。基于理性预期理论可将家庭最大化效用表示为：

$$E_t\left[\sum_{s=t}^{\infty}\beta^{s-t}\left(\frac{(C_s/A_s)^{1-\tau}-1}{1-\tau}+\chi\log\frac{M_s}{P_s}-h_s\right)\right] \tag{1.26}$$

其中，β为贴现因子，χ为尺度因子，τ为风险厌恶参数。P为经济系统中的名义价格水平，则通胀为$\pi_t = P_t/P_{t-1}$。家庭可从企业获取剩余利润D，同时将完全弹性的劳动服务提供给企业，并将按期获得实际工资W。另外家庭将一次性税收T支付给政府，且购买政府债券B的同时支付利率R。家庭预算约束为：

$$C_t\frac{B_t}{P_t}+\frac{M_t}{P_t}+\frac{T_t}{P_t}=W_th_t+\frac{M_{t-1}}{P_t}+R_{t-1}\frac{B_{t-1}}{P_t}+D_t \tag{1.27}$$

此外，为排除Ponzi对策，还需满足资产累积的横截性条件$\lim\limits_{s\to\infty}e^{-R_s}k_s \geq 0$，$k_s$代表家庭的资本持有量。生产异质商品的垄断竞争企业构成了生产部门，且每个企业需求曲线均向下倾斜，表现为下式的形式：

$$P_t(j)=\left(\frac{X_t(j)}{X_t}\right)^{-1/v}P_t \tag{1.28}$$

其中，v代表异质商品间的替代弹性，$P_t(j)$为达到利润最大化时的价格水平。参照Calvo（1983）的研究，由于模型中能够及时对价格作出调整的厂商只占一部分，因此价格具有黏性。完全经济市场的假设意味着单个企业没有调控总需求和市场总体价格水平的能力，因此当忽略通胀率而调整价格时，企业需要支付的菜单成本的产出损失如下：

$$\frac{\varphi}{2}\left(\frac{P_t(j)}{P_{t-1}(j)}-\pi^*\right)^2X_t(j) \tag{1.29}$$

这里，$\varphi\geqslant0$代表名义黏性程度。此外，家庭部门为企业提供劳动力供给为：

$$X_t(j)=A_th_t(j) \tag{1.30}$$

技术冲击A_t服从外生给定的单位根过程：

$$\ln A_t=\gamma+\ln A_{t-1}+\tilde{z}_t \tag{1.31}$$

$$\tilde{z}_t=\rho_z\tilde{z}_{t-1}+\varepsilon_{z,t} \tag{1.32}$$

单个企业j选择价格水平$P_t(j)$和劳动力投入$h_t(j)$最大化其利润：

$$E_t\left[\sum_{s=t}^{\infty}Q_sD_s(j)\right] \tag{1.33}$$

那么s期的利润为：

$$D_s(j)=\left(\frac{P_s(j)}{P_s}X_s(j)-W_sh_s(j)-\frac{\varphi}{2}\left(\frac{P_s(j)}{P_{s-1}(j)}-\pi^*\right)^2X_s(j)\right) \tag{1.34}$$

其中，Q代表企业将未来利润折现到当期的时变贴现因子。考虑到对称性均衡，忽略厂商决策前的异质性，认为其具有相同的行为，因此可以将所有企业简单加总作为代表性厂商。假定$Q_{t+1}/Q_t=\beta(C_t/C_{t+1})^{\tau}$，即在均衡状态下完整的状态索取权可由每个家庭所拥有。由于公司剩余利润会流入家庭，因此家庭的边际替代率会作为企业的决策依据。

货币当局通过调整名义利率规则来响应传出和通胀的变动：

$$\frac{R_t}{R^*}=\left(\frac{R_{t-1}}{R^*}\right)^{\rho_R}\left[\left(\frac{\pi_t}{\pi^*}\right)^{\psi_1}\left(\frac{X_t}{X^*}\right)^{\psi_2}\right]^{(1-\rho_R)}e^{\varepsilon R,t} \tag{1.35}$$

其中，X^*为潜在产出，R^*为稳态下名义利率，$\varepsilon R,t$代表货币政策冲击，利率的平滑程度由参数$0\leqslant\rho_R\leqslant 1$决定，这里定义$X_t^*=A_t$。

以μ_t来表示政府对商品j消费份额，定义$g_t=1/(1-\mu_t)$，且假设$\tilde{g}_t=\ln(g_t/g^*)$服从一个AR(1)过程：

$$\tilde{g}_t=\rho_g\tilde{g}_{t-1}+\varepsilon_{g,t} \tag{1.36}$$

其中，$\varepsilon_{g,t}$为政府支出冲击。政府税收T_t/P_t在短期内为政府财政赤字融资：

$$\mu_tX_t+R_{t-1}\frac{B_{t-1}}{P_t}+\frac{M_{t-1}}{P_t}=\frac{T_t}{P_t}+\frac{M_t}{P_t}+\frac{B_t}{P_t} \tag{1.37}$$

对该模型求解时，需要推导出最大化条件。令$\tilde{y}_t=\ln y_t-\ln Y_t^*$代表$Y_t$与稳态$Y_t^*$的百分比偏差，然后将DSGE模型对数线性化可得出关于产出、通胀和利率的主要方程：

$$\tilde{x}_t=E_t[\tilde{x}_{t+1}]-\tau^{-1}(\tilde{R}_t-E_t[\tilde{x}_{t+1}])+(1-\rho_g)\tilde{g}_t+\tau^{-1}\rho_z\tilde{z}_t \tag{1.38}$$

$$\tilde{\pi}_t=(\gamma/r^*)E_t[\tilde{\pi}_{t+1}]+\kappa[\tilde{\pi}_t-\tilde{g}_t] \tag{1.39}$$

$$\tilde{R}_t=\rho_R\tilde{R}_{t-1}+(1-\rho_R)(\psi_1\tilde{\pi}_t+\psi_2\tilde{x}_t)+\varepsilon_{R,t} \tag{1.40}$$

其中，κ考察经济系统的扭曲度，$r^*=\gamma/\beta$代表稳态实际利率。方程（1.38）是一个跨期消费的Euler方程，方程（1.39）对系统的通胀动态性进行了描绘，可由厂商最优价格设定问题导出，方程（1.40）是货币政策规则的对数线性化表示。这三个方程构成了线性理性预期系统（LRE）。

而经济系统中可观测变量和稳态偏差的关系如下：

$$\begin{aligned}&\Delta\ln x_t=\ln\gamma+\Delta\tilde{x}_t+\tilde{z}_t\\&\Delta\ln\pi_t=\ln\pi^*+\tilde{\pi}_t\\&\ln R_t^a=4[(\ln r^*+\ln\pi^*)+\tilde{R}_t]\end{aligned} \tag{1.41}$$

据此设定$y_t=[\Delta\ln x_t,\Delta\ln\pi_t,\Delta\ln R_t^a]$，状态变量$s_t=[\tilde{x}_t,\tilde{\pi}_t,\tilde{R}_t,E_t[\tilde{x}_{t+1}],E_t[\tilde{\pi}_{t+1}],\tilde{g}_t,\tilde{z}_t]'$，定义$\theta=[\ln\gamma,\ln\pi^*,\ln r^*,\kappa,\tau,\psi_1,\rho_R,\rho_g,\rho_z,\sigma_R,\sigma_g,\sigma_z]'$，$\eta_t=[(\tilde{x}_t-E_{t-1}[\tilde{x}_t]),(\tilde{\pi}_t-E_{t-1}[\tilde{\pi}_t])]'$，$\varepsilon_t=[\varepsilon_{R,t},\varepsilon_{g,t},\varepsilon_{z,t}]'$。则该LRE系统可以写为状态空间模型：

$$y_t = A + Bs_t$$
$$\Gamma_0 = (\theta) s_t = \Gamma_1(\theta) s_{t-1} + \Psi(\theta)\varepsilon_t + \prod(\theta)\eta_t \tag{1.42}$$

1.2.2 金融冲击的文献综述与相关理论回顾

自大萧条（The Great Depression）以来，频发的经济危机为经济学界敲响了警钟，人们逐渐认识到金融市场中信贷紧缩、债务率上升与资产价格下降不单单是经济下行的宏观表象，也是恶化经济的重要影响因素。而后20年，学术界不断探索金融市场对经济运行的影响。目前主要存在三种将金融摩擦和金融加速器融入一般均衡的方式：前两种以信贷市场信息不对称表示金融摩擦或金融加速器（Bernanke & Gertler，1989；Kiyotaki & Moor，1997）。第三种则是由股票市场信息不对称与委托代理问题来表示。

前两种方式虽然都是对信贷市场展开研究，但是由于存款人与投资人之间信息不对称的情况各异导致两种方法存在差异。特别是在交易完成前存在如下几种贷款人无法观测的问题：借款人的意图、诚信、项目风险与项目质量，上述几种因素单独或共同导致信息不对称的发生。一旦交易完成，贷款人就不能够观测借款人行为、项目回报率或持续期并强制其还款（Jaffe & Stiglitz，1990）。若要将信息不对称形式的金融摩擦的所有情况都考虑进去，那么该模型将过于复杂且很难完成。因此，研究者均从某一特定角度出发构建模型，从而令不同模型具有不同代理成本与外部融资溢价。

信贷双方信息不对称问题能够解决的假设意味着贷款人可以利用某种技术处理该问题。举例而言，筛选、监督贷款人（现金流、资产负债表状况、管理状况与实际报酬率）、保持长期合作关系与施加特殊约束等。实施上述措施将增加贷款人成本且纳入市场出清条件。因此，虽然通过某种技术能够实现信息对称，但是其附加成本将使得借款人的外部融资成本高于内部融资，从而令借款人不得不面对较高利率。其中外部融资溢价可以表示为内外部融资差额，而净资产较高企业的外部融资溢价较低。

而信贷双方信息不对称问题不能够解决假设意味着借款人不再能够

获得贷款，或者不是最优数量。特别是当贷款人无法通过技术克服信息不对称时，他们除依据价格分配信贷外，还会依据数量分配（Stiglitz & Weiss，1981）。在这种情况下，即使投资项目有正的净现值，部分借款人也可能无法获得贷款。同时，虽然外部融资的成本低于企业期望值，但可能无法得到。企业内部融资的边际生产率将高于外部融资的边际成本，但是企业无法通过获得融资填补两者之差。因此，企业乃至整个经济将不得不进入非完全生产，也就是说低于边际成本与边际收益相等的水平值。这时企业内部融资边际价值与外部融资边际成本之间的差异就是外部融资溢价，同时企业还将承担非最优效率生产的成本并错失生产机会。

大部分文献采用 Bernanke & Gertler（1989）的方法，包括 Carlstrom & Fuerst（1997）；Bernanke et al.（1999）；Aoki et al.（2004）；Elekdag et al.（2006）；Gerlter et al.（2007）；Christiansen & Dib（2008）；Portes & Ozenbas（2009）；von Heidenken（2009）；Magud（2010）；Friedman et al.（2010）；Calvalcanti（2010）。为了模拟金融加速数效果，Bernanke & Gertler（1989）采用 Townsend（1979）中具有成本的状态核实假设，该假设认为信息不对称的根源在于贷款人无法免费观测借款人的收益实现值。借款人可以通过谎报项目结果（宣布破产）以减少债务责任并获得谎报收益与真实收益的差值。由于存在这种可能，当借款人宣布破产时，贷款人不得不实施收益核实检验。因为该过程产生费用，所以为了最小化成本贷款人采取随机核查从而对企业产生压力。借款人的净资产较低意味着借款人破产损失很小，从而使得外部融资溢价与净资产之间产生负向关系。也就是说，因为贷款人仅对部分宣布破产的企业进行收益核实，从而促使借款人谎报项目收益。当企业宣布破产时，其成本为净资产加上报告的项目回报率。此外，破产的预期收益为真实收益与上报收益之差乘以未被核查的概率。因此，当借款人净资产降低时，他们谎报收益的成本将下降。因为破产的预期收益保持不变，借款人将更倾向于谎报破产。为了降低失信行为的潜在损失，贷款人应降低借款人欺诈的收益，这可以通过增加宣布破产企业的审核比率，即增加欺诈者被发现的概率实现。但是这样也会增加贷款人成本，因此他们会提高利率从而补偿损失。鉴于此，当负向经济冲击减少贷款人净资产的时候，外部融资的成本将上升，从而导致总体投资、消费与产出降低。

另一种关于金融摩擦和金融加速器理论假设贷款人无法克服信息不对称。Kiyotaki & Moor（1997）指出，因为贷款人无法强制借款人偿还债务，从而使得信息不对称问题无法解决。因此，如果贷款不以借款人的长期资产做抵押，贷款人将不会放款。这种情况下，信贷配给将不仅依赖于价格，还依赖于数量，借款人的贷款额度直接取决于其可抵押价值。而企业净资产（抵押价值）的任何变动都将显著影响他们的外部融资能力。同时，由于顺周期的抵押资产价值，信贷配给将表现出逆周期性质，并加剧投资、消费与生产的波动。因此，当出现负向经济冲击降低净资产的时候，借款人将更难获得外部融资，从而导致总体投资、消费与产出下降。该模型的主要文献有：Kiyotaki（1998）；Iacoviello（2005）；Monacelli（2009）；Gertler & Kiyotaki（2010）；Martin Ventura（2010）。

第三种将金融摩擦和金融加速器融入一般均衡的方法为Greenwald & Stiglitz（1993）。虽然该理论中金融加速数不依赖于外部融资溢价，但是由于金融市场信息不对称，模型仍能模拟出经济波动的放大效果。模型中企业可以从无摩擦的信贷市场中融资，但是不能进入股票市场，而这种限制源于Greenwald et al.（1984）和Myers & Majluf（1984）。简言之，当企业投资项目有利好时，企业发行股票对投资者而言是坏消息。相反，企业决定不发行新股是好消息。特别是，投资者相信发行股票是企业管理层认为现有股票将产生溢价。因为投资者不知道企业的真实价值，他们认为任何发行新股行为都一样。结果是，发行新股将使现有股份贬值，其与股票是否溢价相互独立。因此，即使项目净现值为正，由于股票贬值将超过项目净现值，因此企业并不倾向于发行新股。Greenwald & Stiglitz（1993）假设，因为破产使股东资金亏损并令管理层名誉受损，所以企业将会规避破产，从而使企业表现出风险规避。最后，企业在不确定环境中决策，其中产出与投资都是无法提前知晓的。在不确定环境与风险规避基础上，企业净资产变动会在很大程度上影响其生产意愿。因此，如果企业想保持生产用投资在固定水平，它们不得不进行借贷。由于债务担保与状态无关，固定债务份额增加会提高破产概率。因为企业为风险规避者，它们不倾向于借贷而更愿意降低生产中的投资。企业产能降低将转化为需求降低，并在这种传导机制下进一步扩散。总之，与之前模型相似，由于净资产的顺周期性，非完全金融市场将放大经济波动。该理论的主要文献有Arnold（2002）和Gatti et al.（2007）。

三种金融摩擦和金融加速器相关模型见表1-1。

表1-1　　三种金融摩擦和金融加速器相关模型

	Bernanke & Gertler（1989）	Kiyotaki & Moor（1997）	Greenwald & Stiglitz（1993）
金融加速数成因	信贷市场信息不对称	信贷市场信息不对称	股票市场信息不对称与企业风险规避偏好
是否能克服信息不对称问题	可以	不能	不能
净资产变动引起何种变量变动	贷款成本	贷款可能性	借款意愿

国内外大量对金融摩擦和金融加速器的相关研究是基于上述理论进行的扩展。例如，Nolan和Thoenissen（2009）构建了加入价格黏性和工资黏性的模型，使其与现实更加符合，并且选取相关数据对第二次世界大战后的美国经济进行实证分析。研究表明，融资溢价与金融冲击反向相关，另外金融冲击对实体经济存在显著的抑制作用。He和Krishanmuthy（2012）为界定风险溢价与金融危机的关系而构建了资产定价模型，结果显示消费会随着外部融资溢价的上升而下降，从而减少总需求。Nergo等（2013）基于BGG的研究理论将Smets和Wouters（2007）的模型和金融加速器相联系，来分析第二次世界大战后美国经济问题，结果表明加入2008年第4季度金融压力的模型能够对未来经济的衰退进行预测。因此，该模型对美国经济环境的拟合性良好，可以预见经济危机的出现。潘文卿和娄莹等（2015）首次采用国际投入产出表的大样本数据库（WIOD），全方位考察国家间经济周期的联动性。该研究发现，双边经济周期的联动性会受到价值链贸易的显著影响，中国

现实表现符合国际规律。马勇等（2016）系统地考察了经济周期与金融周期的关联，并基于此探讨了在经济周期中信贷周期、货币周期和金融周期的不同作用机制。研究结果表明，经济周期与金融周期是密切相关的，同时也进一步验证了“金融-实体经济”的内生关联。余建干和吴冲锋（2017）综合运用二阶矩比较、贝叶斯估计、反事实仿真、脉冲响应、方差分解和历史分解等方法，来研究货币政策规则的选择和金融冲击对中国经济波动的影响。研究发现，金融冲击是驱动我国经济波动的最重要来源，而货币政策规则的选择将显著影响宏观经济的总体运行，应注重发挥货币政策数量规则的调控功能。基于大量文献来看，越来越多的学者将关注的重点放在经济周期波动与金融冲击关联机制上来。

1.2.3 货币政策有效性的文献综述与相关理论回顾

在过去的30多年间，我国货币政策的首要目标发生了改变，1984—1994年将经济增长作为主要目标，而以控制物价和维持货币价值稳定为辅，之后自1995年开始将首要调控目标转为维持货币价值稳定。另外，我国货币政策的中介目标也由贷款规模逐渐转为货币供应量和社会融资规模。温故而知新，因此对于我国货币政策有效性的考察有助于改善和加强未来的宏观经济调控。

研究货币政策有效性的理论基础主要有货币内生性和外生性理论以及货币中性和非中性理论，接下来对上述理论进行简要描述。

1.货币的内生性和外生性理论

货币当局是否具有调控货币供给的能力是研究货币政策有效性的首要问题，只有当货币供给可以被货币当局部分或完全控制时，货币政策有效性的研究才富有意义。货币供给的内生性指的是货币供给不能由中央银行完全控制，它是由产出、利率、物价等多种因素决定的，而货币供给的外生性与之相反，指的是货币供给由中央银行完全控制，不受经济因素影响。

最早的关于货币内生性的理论见诸古典经济学和重商主义经济学。重商主义学者斯图亚特认为货币供给由居民生产、日常开支和生产活动等经济内生因素所决定，货币供给过多引起的居民贮藏货币的行为会使得经济体系中的货币供应减少。而古典主义经济学家斯密则认为开放经济下，货币的跨国输入或输出以及商品的跨国流动可以双向调节金属货币总量；而封闭式经济下，货币流通速度和商品总价值是货币供应量的决定性因素。随后凯恩斯主义对内生货币理论进行了进一步完善，把研究视角集中在货币当局对货币供给的调控方面。如Minsky（1991）撰写的《货币的内生性》这一著作，指出央行降低利率等操作会显著影响货币的供给量，且当价格显著上升时，央行会收紧货币。

早期货币数量论是货币外生性理论的起源，之后在经济大萧条时期，凯恩斯在其《就业、利息和货币通论》中提出货币当局可外生控制货币，并且利率与货币流通量之间存在关联。对于货币供给外生性理论，货币学派Friedman是其代表性支持者。货币供给决定模型就是Friedman和Schwartz（1963）在对货币供给影响因素的研究中提出的。该模型中，所有货币存量由M来表示，商业银行贷款为D，社会公众持有现金为C，则有M=C+D。在货币存量M中，基础货币H由央行直接控制。H可分为两部分：一是商业银行准备金R，二是公众持有现金C，也即H=C+R。经整理可得：

$$M = H \cdot \frac{\frac{D}{R}\left(1 + \frac{D}{C}\right)}{\frac{D}{R} + \frac{D}{C}} \text{或} M = H \cdot m \tag{1.43}$$

货币供给决定模型反映出决定货币供应量的因素有三个，即商业银行存款与准备金比例D/R，商业银行存款和公众持有现金比例D/C，基础货币H。上式中，D/C和D/R决定了货币乘数，同时在给定基础货币H的情况下，也决定了货币存量。

2.货币的中性和非中性理论

长期以来，货币中性与非中性是货币经济学中的热点争议问题。Wicksell（1898）将货币中性的概念定义为货币在经济系统中不能对实际经济活动产生影响，只具有交换媒介的功能。而货币非中性是指经济变量会受到货币量改变的影响，因此货币当局通过货币政策可以有效调控经济。

古典学派支持货币中性理论。该学派提出“古典两分法”，即经济由货币和实物两部分构成。当经济达到均衡时，名义变量会受货币量影响而产生同比率的变动，因此实际产出原有的均衡状态不会发生改变。货币在交易过程中只作为媒介，即体现为货币中性。货币主义学派也主张长期来看货币政策是中性的。例如在1963年Friedman就给出了货币长期中性和短期非中性的历史证据。该学派的观点与现代市场经济的实际经济活动比较相符，认为短期内经济变量受到货币政策带来的冲击本质上是市场泡沫不断产生的过程，而长期泡沫经济的破灭会使得经济变量回归到均衡水平。另外，理性预期学派也秉持货币中性的观点。Lucas（1972）作为其代表提出了货币政策无效理论，认为货币中性在完全信息情况下是存在的。该学派假设市场大众与货币政策的实施者掌握的信息一致，也就是对于货币政策影响的市场预期是统一的。经济主体参照这个预期行动，而央行的货币政策效应会因此而抵消。上述理性预期学派关于一致预期的假设条件非常强，现实状况很难达到该条件。

凯恩斯主义学派是主张货币非中性的典型代表。该学派基于资本边际收入递减理论、边际消费倾向递减理论以及流动性偏好理论推导出了产出与利率之间的关系。凯恩斯学派在其建立初期提出货币政策有效论，并认为货币在长期或短期都是非中性的。如Hick（1937）提出了著名的IS-LM模型，将凯恩斯主义思想划分为产品市场的均衡和货币市场的均衡，并对投资等于储蓄时收入与利率之间的关系作出了分析。凯恩斯主义学派认为利率作为桥梁联通了产品市场与货币市场。均衡利率会随着货币供给的变化而改变，进而影响投资规模，最终引起实际产出和储蓄的变化。由于实际产出在不同的均衡利率水平下存在差异，凯恩斯主义学派支持货币非中性理论。随着研究的不断深入，“相机抉择”理论也得到了拓展。1973年世界范围内爆发经济危机，欧美国家经济出现严重“滞胀”问题，以凯恩斯主义为依据的货币政策不再适用，于是1980年后凯恩斯主义对原有理论进行了完善和改进，自此新凯恩斯主义经济理论基本形成。该理论赞同理性预期假设，认为工资和价格存在刚性，因此工资和价格不会受到货币供应量的影响。

长久以来，国际上在对货币政策有效性进行研究的同时也伴随着对货币政策转型的不断探索，世界多国均经历了货币政策调控框架和中间目标的调整过程。例如，美国在20世纪80年代的货币政策目标是维持物价稳定，而在现阶段则以促进经济的可持续增长和维持物价稳定作为美联储的政策调控目标。而美联储货币政策调控的目标中介发生了利率→货币供应量→利率的转变。英国也经历了较长时间的货币政策转型过程。20世纪60年代末，国际资本市场的发展和高通胀的双重压力促使其利率市场化改革彻底完成，1992年以价格水平为最终目标的新货币政策开始实行，之后1997年，英格兰银行完全放弃将货币供给量作为中介目标，转而以多个利率指标作为操作目标来控制通胀，至此英国基本完成货币政策调控框架的转型。除了美、英等发达经济体外，部分新兴市场经济体也逐渐建立起了以利率为中介目标的货币政策调控体系。如印度从1985年开始货币政策的中介目标是广义货币供给量（M3），而1998年后建立起以控制通胀为目的的货币政策调控框架，将短期利率作为其主要调控目标。在各国货币政策转型的每个时期都有大量文献为其提供了理论基础。Litterman和Weiss（1985）分析了第二次世界大战后美国的利率、货币供给、通胀和产出的关系，提出这期间货币政策对于货币供应量的调控可以维持价格的短期稳定。Taylor（1993）则认为，利率政策规则能够对实际收入和价格水平的变动作出有效反应，与当时美联储的政策环境要求更为相符。国际货币政策转型的经验反映出，金融的创新和市场经济体制的完善会降低数量型货币政策的有效性，而价格型货币政策工具则逐渐显现出更出色的调控效果。

近年来国内学者对于货币政策调控效果也累积了大量研究成果。夏斌和廖强（2001）对货币传导机制进行分析，阐述了货币供应量目标失效的原因。林松（2011）对我国货币政策实施背景进行了分析，认为央行以经济增长为调控目标是目前数量型货币政策被频繁使用的原因，而数量型工具会对国民经济发展的微观基础造成损害，对宏观经济的可持续发展产生负面影响。张杰平（2012）比较分析了中国货币政策规则效果，结果显示混合型货币政策规则更适合中国现状，其比单一的利率或货币供应量规则对产出和通胀的影响更大。汪川（2015）以经济“新常态”为背景，基于政策转型的理论和实践依据，评价了结构性的货币政策，并提出了未来转型的展望和政策建议，认为货币政策转型中结构性货币政策作用以及它与传统货币政策的协调性需得到重视，另外要着力完善对货币政策框架的构建。张屹山等（2017）基于国际经验视角对货币政策转型机制进行了研究，认为应关注利率的短期波动性，确保其长期平滑性，疏通其传导渠道，另外不能过度盯住经济增长目标，要强化市场的配置作用，加快完善金融市场的建设。张和英（2017）指出货币政策的转型有利于更好地发挥其宏观调控作用并且深刻分析了货币政策转型的相关政策和理论。这些研究为我国构建合理有效的货币政策调控框架提供了一定的理论依据，也为保持宏观经济平稳健康发展指明了方向。

1.3 结构安排与创新

1.3.1 结构安排

本书的研究部分为六章（如图1-1所示）。第1章是绪论部分，首先阐述了选题的背景及意义，然后对经济周期、金融冲击以及货币政策有效性的相关理论和文献进行了回顾和综述，为后续的研究奠定理论基础。

第2章基于总供给和总需求角度，对我国经济波动的趋势性特征和波动态势进行描述和检验。首先参照国际上对经济收缩的经典定义对我国经济收缩期进行划分，然后考察经济收缩期主要宏观经济变量的波动性和持续性特征，以及其与实际GDP增长率的协动特征，最后对经济收缩期形成原因进行了全方位解析。

第3章开始是全文的实证部分。本章结合国情和制度环境构建了DSGE模型来研究中国经济波动的实体冲击因素。首先采用贝叶斯方法对已构建的模型进行估计，然后结合脉冲响应分析、方差分解和历史分解分析的方法来探究需求和供给冲击对主要宏观经济变量的影响，以此为制定供给端与需求端的管理政策明确方向。

第4章主要研究了我国经济波动的金融冲击与传导机制。首先构建了符合我国经济情况的带有金融中介部门的DSGE模型，并且在模型中

图1-1 本书的结构框架图

引入了金融摩擦，随后采用贝叶斯方法对其进行参数估计，最后从实证角度利用脉冲响应和方差分解的方法来进行金融摩擦对我国经济波动影响的动态分析，以此为金融市场管理和相关货币政策调控提供依据。

第5章为印证我国货币政策转型的重要性，对价格型与数量型货币政策工具的有效性进行了实时对比。本章建立TVP-VAR模型来进行时点脉冲响应分析，比较了经济周期不同阶段两种货币政策的调控效应，明确了货币政策的转型目标。

第6章通过TVP-FA-VAR模型来研究社会融资规模这一新的货币政策指标对经济周期波动调控效应的有效性。首先对比了各经济指标与多种货币政策中介目标的关联性，并依次进行相关性分析、Granger因果检验和协整关系检验，然后基于TVP-FA-VAR模型进行等间隔脉冲和时点脉冲响应分析并对其进行了比较，进一步分析了社会融资规模相比于其他指标作为货币政策目标的调控效力，以此考察货币政策转型进程中该指标的有效性。

1.3.2 创新点

本书的创新点如下：

第一，以往研究经济周期波动的文献中，大多是分析实体或金融冲击中某个单一因素对其产生的影响，而没有同时考虑两种驱动因素的不同效应。在本书第3章和第4章中，分别对经济周期波动的实体冲击因素和金融冲击因素进行了研究，区分了两种因素对经济增速换挡产生的不同影响，是重要的研究思路创新。

第二，本书的第4章在探究经济波动的金融冲击与传导机制的过程中，将金融摩擦引入系统，充分解释了金融摩擦对经济波动的放大效应，同时考虑了金融摩擦对政策传导效率的影响，使之与我国当前出现的“金融加速器”效应匹配，这是基于理论角度的创新。

第三，在传统的货币供应量和新增人民币贷款等统计指标不再能有效反映金融与经济的关系时，开创性地对社会融资规模这一重要新型货币政策工具的有效性进行测度是非常必要的。本书在第6章中研究了这一全新指标对实体经济波动和虚拟经济波动的调控效应，是一种研究视角上的创新。

第2章　中国经济波动的趋势性特征与波动态势研究

新常态是我国经济发展新的平台期和整合期，也是全面建成小康社会的关键时期。中国经济进入新常态以来，出现了经济增长速度整体态势的下移，经济周期波动出现了新的态势，涉及经济社会的多个重要层面，包括宏观和微观、国内和国外、供给和需求、实体经济和虚拟经济、产业发展和结构调整、通货膨胀和资产定价等一系列经济现象中蕴含的新现象和新特点。无论是经济增长整体运行态势、还是潜在发展趋势，都在新的环境和条件下出现了新的变化，经济增长均值下滑，潜在经济增长率从高速调整至中高速已成共识（刘金全和冯坚福，2016）。对我国经济新常态的可能表现形式和趋势性特征，已经出现了大量预测性和描述性研究。经济增速的下移，带来了整个经济周期波动格局的演变，其中最为引人注目的是经济周期波动的收缩模式及其成因。本次经济收缩的特点和成因与以往具有显著不同的特点：首先，木次经济收缩是继2007—2009年经济收缩后的二次收缩，除了后金融危机的影响外，主要还是经济进入新常态以后体制和市场因素出现明显转变所导致的；其次，本次经济收缩是经济波动态势出现新的稳定特征的体现，经济收缩出现了收缩幅度大、持续时间长的特点，宏观经济中出现了大量新的趋势性特征。我们需要关注的主要问题是，以往经济收缩到一定程度后，经济增长往往要积蓄一定的反弹力量，经济收缩是经济周期波动中反复出现的周期性阶段，其根本原因在于市场中出现供需不平衡导致供给和需求出现缺口，经济中出现偏离均衡轨迹的调整所导致的周期性紧缩状态，在增长型经济周期中经济收缩期往往会由经济内在周期性动力所产生的“反弹效应（Bounce Back）”（Kim和Murray，2002；刘金全和刘志刚，2005）而逐渐回归正常水平。由于本次经济增长的尾部特征已经显现，虽然2016年2季度出现了触底反弹的形态，但是其长期态势却未完全显现，经济未来走势仍具有较强的不确定性，但是从我国经济发展理念和所构建的经济发展新常态的经济政策框架可以看出，我国经济已经逐步实现了“缓中趋稳”的目标，并开始在此基础上，向“稳中求进”的方向发展，因此可以预期我国在今后相当长一段时间内，经济发展将出现新一轮“软扩张”的经济长波发展趋势。进入“十三五”以来，随着供给侧结构性改革的深入发展，我国经济周期波动的趋势性特征开始显现出来，经济周期波动呈现出新的态势。本章通过对经济波动主要来源的定量分解和检验，从总供给和总需求角度，对我国主要宏观经济指标的趋势性特征进行描述和检验。研究表明，中国经济波动趋势性特征是中国经济周期波动态势出现整体改变的结果。由此伴随着相应的经济政策规则和宏观调控模式的改变。由于经济目前仍然有可能出现“软扩张”式的反弹，因此在中高速区间盘桓的概率将大幅加大。

2.1 我国经济收缩的划分及其数值特征

目前，我国还没有专门的机构对我国经济周期的拐点进行测度，进而得到我国经济周期的划分，本章借鉴经济收缩期的定义，并根据我国经济实际情况，解析我国经济收缩期的含义和划分。

美国国家经济研究局的经济周期测定委员会（Business Cycle Dating Committee，BCDC）对经济收缩期（Contractions）的定义为：整个经济体中经济行为普遍经历的持续几个月（6个月到一年）的显著下降，通常表现在实际GDP、实际收入、就业、工业产值，以及全国商品零售总额上，BCDC对经济周期阶段的划分通常都有超过一年的滞后，是一种事后经验的总结，而非事前的监测和预测。它通常确定并公布波峰和波谷这两个非常重要的转折点，然后衍生出经济周期阶段的划分和定义。另一种经济收缩的定义是将连续两个季度以上的经济下降定义为经济收缩期（Berge and Jordà，2011）。

本章参考这两种定义，定义我国实际GDP增长率[①]连续一年及以上的下降为经济收缩期，并以CF滤波（Christiano and Fitzgerald，2003）得到的趋势作为参照，将总体呈现下降趋势，但持续期不超过一年的反复，仍然看作经济收缩期。根据本章经济收缩的定义，我国经济自改革开放以来出现了6个显著的经济收缩期，分别为1980Q1—1981Q3、1985Q1—1986Q4、1988Q1—1990Q1、1993Q2—1998Q4、2007Q2—2009Q1和2010Q2—2016Q2，如图2-1中阴影所示，这与现有文献中经济周期的界定和划分是吻合的（刘树成，2007；哈磊，2010；刘树成，2015）。

这里需要做三点说明：第一，从图中实际GDP增长率的数据来看，1985Q1—1986Q4实际GDP增长率的数据出现了较大的反复，但是根据CF滤波中得出的实际GDP增长率的趋势成分，本章确定1985Q1—1986Q4为经济收缩阶段；第二，1993Q2—1998Q4这个收缩期内经济增长率不像其他收缩期那样呈现持续下滑，但经济总体趋势呈现下降态势，虽然在整个区间内经济增长出现多次反复和回调，但是这种反复和回调的持续期间都没有超过一年甚至6个月，没能够成功逆转经济收缩期，因此将这个区间划分为收缩期；第三，最近的一个收缩期

① 实际GDP增长率数据来源说明：1992年1季度到2017年1季度的实际GDP增长率的数据，可以使用1992年1季度到2017年1季度的累计GDP（现价）及其累计实际增长率计算得到以2000年为基期的季度实际GDP增长率，最后通过同比差分获得实际GDP增长率的数据。而1979年1季度到1991年4季度的实际GDP增长率参考Abeysinghe和Rajaguru（2004）进行了季度分解和季节调整。

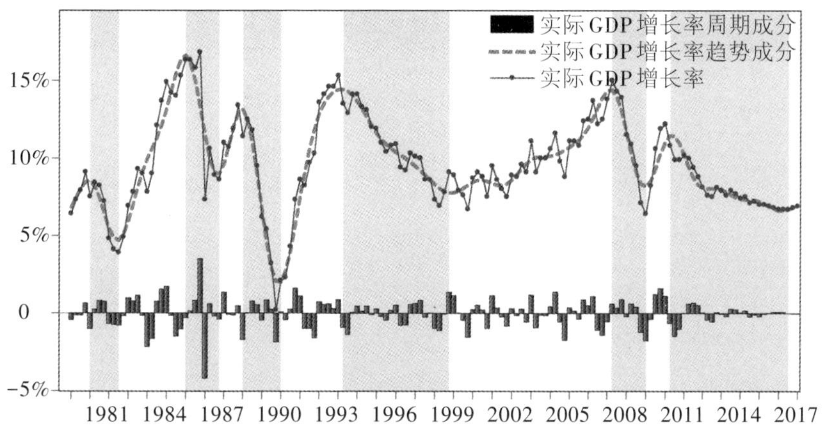

图2-1 实际GDP增长率与经济周期收缩期

（2010Q2—2016Q2）已经初步成型，虽然不能确定“十三五”期间实际GDP增长率是否还会出现反复，但是从2016年2季度开始至2017年1季度的实际GDP增长率连续三个季度的企稳回升已经表明我国经济增长出现了稳中向好的态势，因此本书将2010Q2—2016Q2看作一个完整的经济收缩阶段。

根据以上划分的经济收缩期，我们将上述定义得到的六个收缩期的实际GDP增长率进行简单的统计描述，见表2-1。从表中可以看出：第一，除了2007Q2—2009Q1的收缩期外，我国经济收缩期的长度呈现递增的趋势，说明经济周期有向长周期发展的趋势；第二，测度我国经济收缩水平值的均值、最大值和最小值可以发现，五个经济收缩阶段呈现先升后降，再升再降的周期性转换；第三，测度我国经济收缩波动幅度和强度的标准差和收缩强度可知，在最近几个收缩期随着收缩持续期的增加，整体均值出现了趋势下移，说明我国经济收缩在没有外在冲击的干扰下，逐渐向“软着陆”的长尾收缩转变。因此，从以往经济收缩期后经济增长的趋势性可以预判我国经济增长在未来一段时间内将出现软扩张长周期，但参考1999Q1—2007Q1的软扩张，今后一段时间我国经济增长可能会是一种有波动上升形态的“活力W形”软扩张。

表 2-1 经济收缩期的实际 GDP 增长率的统计描述

收缩区间	持续期（季度）	均值（%）	标准差（%）	最大值（%）	最小值（%）	收缩强度（%/季）
1980Q1—1981Q3	7	6.30	1.96	8.40	3.90	0.64
1985Q1—1986Q4	8	12.58	4.09	16.80	7.30	1.19
1988Q1—1990Q1	9	6.92	4.57	12.50	0.20	1.37
1993Q2—1998Q4	23	10.67	2.16	14.10	6.90	0.31
2007Q2—2009Q1	8	11.08	3.25	15.00	6.40	1.08
2010Q2—2016Q2	25	8.07	1.24	10.80	6.70	0.16

2.2 我国经济波动的趋势性特征和波动态势的实证研究

在上述经济收缩期划分的基础上，下文具体分析了全面改革开放以来相关主要经济变量在收缩期的波动和持续性特征，以及与实际 GDP 增长率的相关性和协动性，借此分析我国经济收缩期经济运行情况、驱动因素和主要特征。

2.2.1 经济收缩期主要宏观经济变量的波动性与持续性特征

经济收缩期是经济运行中的普遍性特征，因此下文从 GDP 构成、三次产业、各类市场反应和宏观经济可调控变量这几个方面，选取 1992 年 1 季度到 2017 年 2 季度（全面改革开放时期）[①]具有代表性的 20 个宏观经济指标来分析它们在宏观经济收缩期的运行情况，所有数据均

① 本书选取 1992 年 1 季度至 2017 年 2 季度的数据来研究经济收缩期经济运行情况和特征，主要是因为更长时间的历史数据无法获得，因此下文重点研究后三个经济收缩期的具体情况。

来自中经网统计数据库，并经过计算整理。

表2-2给出了全面改革开放以来，主要宏观经济变量在经济收缩期的波动性和持续性，可以得出以下几点基本结论：第一，在1993Q2—1998Q4这个周期中，从GDP构成来看，经济收缩期的波动主要是受投资和出口的影响，而其收缩的持续性主要受消费影响；从产业构成来看，经济收缩期的波动和持续性主要来源于第二产业的影响；对财政收支和货币供应量进行的反周期调控将会显著影响经济收缩期的波动水平，而对货币政策的反周期调控能够影响经济收缩的持续期。第二，在2007Q2—2009Q1这个全球金融危机的收缩期内，从GDP构成来看，经济收缩期的波动性和持续性主要受到进出口的影响，受国外供需冲击的影响较大；从三次产业来看，第二和第三产业都对经济收缩期的波动和持续性产生显著的影响；而在这个收缩期内，各市场反应不一，股票市场和外汇市场受到的冲击相对较大，虚拟经济对实体经济的影响在这个阶段得到充分的体现；而这个收缩期内，扩张性的财政政策都将显著地减缓经济收缩期的波动和降低其持续性。第三，在2010Q2—2016Q2这个收缩期内，首先，经济收缩期的波动明显受到投资和进出口的影响较为严重，且这种影响具有较长的持续期；其次，这次经济收缩对我国第二产业的冲击较为严重，再加上我国经济转型时期正在实施去产能和去杠杆的改革，一些重工业出现了较大幅度的波动和下降。而在各类市场和宏观经济政策变量中，出现了程度不一的波动，但基本上都出现了稳中趋缓的特征。

2.2.2 经济收缩期主要宏观经济变量与实际GDP增长率的协动特征

上述经济收缩期是以实际GDP增长率的周期波动来划分的，但是我国宏观经济中的一些主要变量的走势却不完全与实际GDP增长率的走势同步，因此下文将通过经济收缩期主要宏观经济变量与实际GDP增长率的协动来分析我国经济收缩期的主要特征，并对现阶段收缩期触底反弹后的走势有一个初步的判断。该协动性可以通过计算收缩期内主

表2-2　　经济收缩期主要宏观经济变量的波动性和持续性

主要宏观经济变量增速		经济收缩期					
		1993Q2—1998Q4		2007Q2—2009Q1		2010Q2—2016Q2	
		标准差	自相关	标准差	自相关	标准差	自相关
GDP构成成分	实际GDP	2.16	0.93	3.25	0.96	1.24	0.96
	社会消费品零售总额	10.16	0.92	3.01	0.48	3.70	0.87
	固定资产投资完成额	24.20	0.76	2.00	-0.46	6.42	0.83
	出口总额	17.26	0.72	16.04	0.90	13.09	0.86
	进口总额	11.81	0.65	22.08	0.79	16.37	0.92
三次产业	第一产业增加值	0.99	0.56	1.29	0.39	0.75	0.06
	第二产业增加值	3.95	0.91	3.89	0.97	2.03	0.97
	第三产业增加值	1.57	0.62	3.89	0.80	0.82	0.80
各类市场	上证综合收盘指数	NA	NA	1 388.25	0.72	597.01	0.77
	深证收盘综合指数	NA	NA	365.68	0.72	478.05	0.83
	国房景气指数	7.80	0.87	4.21	0.89	3.64	0.86
	美元对人民币平均汇率	0.02	0.92	0.04	0.91	0.02	0.89
	外汇储备	35.90	0.85	9.70	0.96	12.19	0.93
	制造业采购经理指数	NA	NA	5.20	0.25	1.28	0.58
宏观经济政策变量	财政收入	20.68	0.21	18.02	0.91	7.64	0.55
	财政支出	12.43	-0.19	4.69	-0.37	8.65	0.26
	狭义货币（M1）	8.46	0.48	5.20	0.68	6.81	0.84
	银行间同业拆借利率	NA	NA	0.63	0.61	0.73	0.62
	居民消费价格指数	9.32	0.97	3.19	0.80	1.44	0.88
	工业品出厂价格指数	NA	NA	5.29	0.57	4.24	0.93

要宏观经济变量（x_t）与对应GDP增长率（y_t）的时序相关（r_k，$k=[-2, 2]$）来分析。

$$r_k = \frac{\sum_{t=1}^{T}(x_t - \bar{x})(y_{t+k} - \bar{y})}{\sqrt{\sum_{t=1}^{T}(x_t - \bar{x})^2 \sum_{t=1}^{T}(y_{t+k} - \bar{y})^2}} \tag{2.1}$$

如果k=0，$r_0 > 0$表明变量与实际GDP增长率之间呈顺周期关系，反之呈反周期关系。如果r_k的最大值不在k=0时取得，如$r_l = \max(|r_k|)$，$l \in k$，则说明该变量领先（滞后）实际GDP增长率周期l季（吕光明和齐鹰飞，2006）。

表2-3中加黑部分标示了各变量在不同收缩期的r_l，通过时序相关系数的结果可知：第一，在1993Q2—1998Q4这个收缩期内主要宏观经济变量与实际GDP增长率呈现顺周期关系，且基本上都领先实际GDP增长率或与之同步，如消费、投资、出口、第一产业、房地产业、M1、利率和通胀均领先实际GDP增长率且与之呈顺周期关系。第二，在2007Q2—2009Q1这个收缩期内，诸如消费、投资、第一产业和PPI均与实际GDP增长率呈反周期关系，这说明金融危机来临较为突然，有的经济变量仍然延续之前的经济走势，与上一阶段的扩张期仍保持一致。值得注意的是，这个收缩期内，我国宏观经济政策变量滞后于实际GDP增长率，体现为一种政策刺激的滞后现象。第三，最近一个收缩期（2010Q2—2016Q2）内，除了出口和CPI以外，主要宏观经济变量多数均滞后或与实际GDP增长率同步，且主要呈顺周期关系。说明这轮经济收缩期采用经济政策来刺激经济增长将会有更长的时滞期。

表 2-3　　经济收缩期主要宏观经济变量与实际GDP增长率的时差相关

主要宏观经济变量		经济收缩期														
		1993Q2—1998Q4					2007Q2—2009Q1					2010Q2—2016Q2				
		k														
		-2	-1	0	1	2	-2	-1	0	1	2	-2	-1	0	1	2
GDP构成成分	消费品零售总额	0.85	0.84	0.83	0.81	0.77	0.40	0.14	-0.20	-0.86	-0.98	0.80	0.83	0.86	0.84	0.86
	固定资产投资	0.65	0.66	0.76	0.82	0.87	-0.39	-0.38	-0.14	0.10	-0.42	0.81	0.82	0.85	0.84	0.77
	出口总额	0.62	0.52	0.35	0.22	0.04	0.81	0.86	0.82	0.73	0.70	0.79	0.88	0.91	0.87	0.89
	进口总额	0.67	0.69	0.70	0.71	0.70	0.85	0.80	0.71	0.36	-0.80	0.90	0.93	0.96	0.92	0.89
三次产业	第一产业	0.32	0.42	0.49	0.42	0.35	-0.63	-0.48	-0.54	-0.68	-0.44	0.20	0.13	0.07	0.01	-0.02
	第二产业	0.87	0.90	0.97	0.93	0.89	0.98	0.97	0.99	0.96	0.97	0.95	0.97	0.98	0.94	0.90
	第三产业	0.62	0.72	0.78	0.75	0.53	0.85	0.90	0.97	0.87	0.81	0.64	0.76	0.86	0.85	0.77
行业增加值	上证综指	-0.09	-0.35	-0.37	-0.11	0.79	0.78	0.83	0.85	0.82	0.68	-0.29	-0.25	-0.22	-0.20	-0.18
	深证综指	0.31	0.31	0.33	0.32	0.71	0.75	0.81	0.81	0.84	0.70	-0.52	-0.48	-0.48	-0.43	-0.38
	房地产指数	0.48	0.52	0.59	0.67	0.79	0.97	0.96	0.91	0.76	0.58	0.62	0.74	0.80	0.86	0.91
	对美元汇率	0.73	0.81	0.83	0.81	0.79	0.70	0.78	0.88	0.92	0.94	0.34	0.46	0.57	0.71	0.81
	外汇储备	0.83	0.76	0.66	0.60	0.54	0.95	0.99	0.93	0.92	0.83	0.77	0.81	0.81	0.77	0.66
	PMI	NA	NA	NA	NA	NA	0.58	0.61	0.65	0.74	0.54	0.68	0.74	0.74	0.76	0.78
宏观经济政策变量	财政收入	0.62	0.37	0.27	0.17	0.03	0.99	0.93	0.91	0.84	0.65	0.68	0.67	0.79	0.72	0.59
	财政支出	0.41	0.25	0.25	0.25	0.16	-0.47	-0.33	-0.25	0.47	0.35	0.43	0.54	0.47	0.44	0.42
	M1	0.65	0.61	0.64	0.55	0.56	0.53	0.60	0.74	0.96	0.89	0.08	0.26	0.42	0.59	0.80
	拆借利率	0.90	0.92	0.69	0.54	0.52	0.69	0.70	0.59	0.04	-0.82	0.33	0.16	-0.03	-0.11	-0.28
	CPI	0.94	0.92	0.88	0.81	0.75	0.93	0.88	0.71	0.45	-0.22	0.88	0.87	0.81	0.76	0.62
	PPI	0.81	0.86	0.73	0.53	0.08	0.74	0.62	0.45	-0.12	-0.93	0.89	0.93	0.96	0.92	0.84

2.3 我国经济收缩期形成原因解析

经济收缩期在经济发展的不同阶段、不同经济主体中的形成原因都不尽相同。目前，我国经济已经处于一个重要的转折期，因此下文在总结不同经济体经济收缩期的形成原因的同时，重点从我国经济宏观调控因素和驱动因素对我国经济收缩期的形成原因进行解析。

2.3.1 经济收缩期形成原因的国际经验

经济收缩是经济周期的常态性特征，经济收缩达到一定程度就形成经济的衰退和萧条，如20世纪90年代日本经济出现的“失去的十年”、1997—1999年的东南亚金融危机、2001年东南亚国家经济二次衰退，以及美国近年的周期性收缩。通过分析这些国家和地区的经济收缩模式，我们发现这些国家经济收缩的形成原因具有以下几点共性的特征：

首先，经济基础和经济结构决定着经济收缩程度。一般来说，宏观经济基础面和经济结构决定着经济收缩期的波动、持续性和收缩强度，经济体自身经济健康与否，经济金融体制健全与否，以及不良贷款、外债等影响国家经济风险的诸多经济基础因素和经济结构因素都决定着经济收缩的强度和持续时长，如东南亚经济危机期间，由于各国经济基础和经济结构的关系，各国所受的影响程度均不相同，泰国、马来西亚和印度尼西亚等国因为经济中泡沫程度较大，首当其冲地受到经济危机的影响，而菲律宾、新加坡和越南等国因为经济基础面较好，经济运行情况稳定，所受到的影响较小，且多数为间接和滞后的影响。

其次，出口衰退和投资低迷是经济收缩的直接原因。外向型经济国家，尤其是对出口和投资严重依赖的国家容易形成较为严重的经济收缩，甚至产生经济衰退和严重的经济危机。如日本在20世纪90年代经历的“失去的十年”与日本经济的外部环境和出口下滑有直接的关系，而东盟四国在20世纪70年代到80年代确定靠引进投资的外向型出口经济发展战略，形成了过度依赖出口和投资的经济发展导向，一旦出现外部需求疲软和投资低迷，经济就会产生显著的收缩和波动。

最后，虚拟经济和金融经济起到推波助澜的作用。从近年来严重的经济收缩和衰退的国际经验来看，虚拟经济和金融方面的因素起到了推波助澜的作用，如2008年从美国开始的国际金融危机与金融方面的体制不健全有着莫大的关系，而股市泡沫破裂导致财富缩水和消费的显著下降都将严重影响已经不景气的经济运行，导致经济中出现大量的失业，需求严重下滑，造成经济大幅度收缩，甚至是衰退。

2.3.2 我国经济收缩期的宏观调控因素分析

为了防止通货膨胀、减轻经济波动、提高就业水平和稳定经济增长，国家通过宏观经济调控的方式来对经济进行干预和调整。财政政策和货币政策是宏观经济调控的主要工具，它们都作用于投资、消费和利率，从而通过对总需求的影响来最终实现对宏观经济的掌控（Romer，2001）。

1.经济政策工具规模变化特征

为了更加清楚地了解货币政策和财政政策、投资和国外需求在全面改革开放以来的三个收缩期内的作用，我们以各宏观经济指标占同期名义GDP的比例来反映政策规模和经济规模，并将其变化幅度通过相应的波动率来度量，具体计算结果见表2-4。

表2-4 三个经济收缩期内经济政策工具规模的对比

收缩期 / 经济指标	1993Q2—1998Q4		2007Q2—2009Q1		2010Q2—2016Q2	
	占GDP比例（%）	标准差（%）	占GDP比例（%）	标准差（%）	占GDP比例（%）	标准差（%）
社会消费品零售总额	33.95	10.16	33.95	3.01	39.98	3.70
固定资产投资	22.84	24.20	44.80	2.00	70.69	6.42
进出口总额	35.69	9.99	55.65	16.52	42.67	12.53
财政支出	11.32	12.43	19.05	4.69	23.52	8.65
狭义货币M1	152.75	8.46	204.58	5.20	220.57	6.81

从表2-4中可以看出：首先，1993Q2—1998Q4这个收缩期内投资波动是经济连续下降的重要原因，同时消费、进出口、财政支出和货币存在较大波动，这是为了避免经济过热而采用的一系列经济紧缩政策导

致经济波动加大，经济出现显著下降，但是由于各种宏观经济政策调控合理，经济最终实现“软着陆”；其次，2007Q2—2009Q1这个收缩期内变化非常明显的是进出口总额占GDP的比例相对较大，波动幅度相比其他经济变量出现了显著的变大，进出口总额的显著和快速下降是造成这次收缩的主要原因；最后，2010Q2—2016Q2这个收缩期受到上一个阶段金融危机的后续影响，进出口总额依旧乏力，外部需求疲软，同时由于金融危机时期大量刺激经济增长的政策的退出和不连续，代表财政政策的财政支出工具变量和货币供给（M1）均出现波动幅度增大的特点，也是造成最近一次经济收缩的主要原因之一。

2.经济政策工具变量在经济收缩期前后的变化特征

为了进一步了解各主要宏观经济政策工具变量在经济收缩期是如何发生转变的，本章参考张海燕和刘金全（2008）的方法，以经济收缩期（C）为中心，用经济收缩期开始前的4个季度（$\overline{C}-4$）、经济收缩期结束后的4个季度（$\underline{C}-4$）这三个阶段政策工具变量增长率的季度平均变化率来度量经济收缩期及其前后的变化特征，并分析宏观经济政策在经济收缩期及其前后的变化特征。

从表2-5我们可以看到经济政策工具变量在三个紧缩时期前后的运行情况。首先，除了金融危机时期（2007Q2—2009Q1）固定资产投资和财政政策支出以外，政策工具变量在收缩期内均出现显著的连续下降，但是各政策工具变量在不同经济收缩期前后发生的变化不存在显著的规律性。其次，进出口总额这个变量在1993Q2—1998Q4和2007Q2—2009Q1这两个收缩期内均具有显著的领先指标的属性，在经济收缩期开始之前便已体现出较为明显的下滑。再次，1993Q2—1998Q4这个周期前后大部分的政策变量均表现出与实际GDP增长率呈顺周期关系，而与2007Q2—2009Q1这个收缩期前后的波动呈现较为明显的反周期关系，一方面体现这些政策变量在收缩期前具有较高的经济状态指示作用，另一方面也说明这个阶段的收缩期内，宏观经济政策通常是通过一些反周期调控（如投资和财政支出）来防止经济的过度衰退。最后，最近一个收缩期的经济政策工具变量的情况显示我国近期没有采用较为显著的刺激政策来减缓经济下滑，而是保持经济政策的连续性和稳定性，但是从这些经济政策变量的变化情况来看，经济收缩强度和波动均出现一定程度的减缓。

表 2-5 **经济政策工具在经济收缩期前后的变化特征**

宏观经济政策变量	经济收缩期								
	1993Q2—1998Q4			2007Q2—2009Q1			2010Q2—2016Q2		
	$\bar{C}-4$	C	$\underline{C}-4$	$\bar{C}-4$	C	$\underline{C}-4$	$\bar{C}-4$	C	$\underline{C}-4$
固定资产投资	0.28	-0.40	-0.06	-1.78	0.02	2.17	2.17	-0.54	-0.08
社会消费品零售总额	NA	-3.52	-0.35	-0.79	0.42	-0.55	-0.55	-0.73	0.39
进出口总额	0.00	-0.28	5.57	-0.79	-5.82	17.88	17.88	-1.76	7.16
财政支出	2.87	-0.24	3.47	-1.23	2.36	-5.72	-5.72	0.13	1.94
狭义货币 M1	6.50	-1.72	1.45	1.79	-0.35	3.23	3.23	-0.21	-1.95

3. 我国经济收缩期的驱动因素分析

凯恩斯经济学（包括新凯恩斯经济学）和新古典宏观经济学中的许多理论均认为，需求冲击导致了经济波动，而政府支出、投资、消费以及货币冲击是产生该冲击的重要因素（刘金全，2000）。而实际经济周期理论则认为，包含技术变迁因素在内的供给冲击是造成经济波动的主要原因。王洛林等（1999）将经济紧缩的成因概括为需求说、供给说及其相应的总量说和结构说，本章参照刘金全等（2011），认为改革开放以来我国五次经济收缩期的驱动因素大致经历“总需求单因素驱动”（1980Q1—1981Q3、1985Q1—1986Q4，1988Q1—1990Q1）、“总供给和总需求双因素驱动”（1993Q2—1998Q4）和“总需求为主与总供给为辅”（2007Q2—2009Q1、2010Q2—2016Q2）的新阶段。

首先，1980Q1—1981Q3、1985Q1—1986Q4 和 1988Q1—1990Q1 这三个收缩期内，经济收缩呈现持续时间短、波动幅度大、收缩强度大等特点。该阶段总供给能力被有效释放，是我国经济飞速发展的开端，也是人力资源和社会自然资源实现有效利用而扩大供给的必经阶段。充裕的社会供给既是经济增长的动力源泉，也是解决经济增长硬性“瓶颈制约”的必由之路。另外，这个阶段受计划经济因素的影响总供给开始活跃并增加，从根本上推动了经济发展，而对于基础设施建设、第二产业投资和社会固定资产投资等方面也有显著成效，在软约束下社会生产力开始迅速膨胀。然而形成于某些供给面的瓶颈“因素”也对其造成一定压力；一旦经济社会的资源配置出现问题，产品结构调整、资本结构调整、投资成本和风险都将出现，经济收缩成为必然，但是由于这个阶段行政和计划手段的宏观经济调控可以让经济迅速恢复和反弹，因此其外在表现形式为收缩期短、收缩强度大等特点。

其次，1993Q2—1998Q4这个收缩期内经济增长是“总供给和总需求双因素驱动”阶段。该时期处于市场机制面临价格体制改革阶段，总需求能力的突然释放和总供给能力快速形成所带来的严峻挑战导致高通胀伴随着经济增长出现，“经济过热”和“通货膨胀”显示出该阶段对高速经济增长的“大跃进”式的激情，经济中出现了一些项目的重复投资和过度投资现象。面对这种非理性的经济增长，政府通过缩减固定资产投资规模和实施紧缩性货币政策将经济增速和通胀率控制在“软着陆”的区域内，从而达到预防经济过热和抑制通胀的目的。经济“软着陆”是经济规模在不陷入衰退的情形下回落到一个合理区间的过程。我国在1998年通过采取宏观经济政策成功使过热的经济平稳下降是经济软着陆的体现（刘国光和刘树成，1998），其外在表现形式是经济收缩的波动性小、持续期较长和收缩强度平缓。

最后，2007Q2—2009Q1和2010Q2—2016Q2这两个经济收缩期是我国经济增长处于需求管理为主和供给管理为辅的阶段。其中2007Q2—2009Q1这个收缩阶段相对较为特殊，主要受到外部需求冲击的影响而导致经济短期迅速下滑，这个可以看作我国经济收缩的特例。而2010Q2—2016Q2这个收缩期固然受到国际金融危机的后续影响，但是这个收缩期恰逢我国潜在经济下台阶和经济结构调整和发展方式转型的深化期，经济增长的驱动作用开始注重用供给管理辅助需求管理，经济结构调整和发展方式在经济预期和波动的宽松期，寻求以技术创新和发展方式创新为主体的供给驱动因素开始凸显，如石油价格急剧攀升、世界范围内粮食供给短缺等，都促使总供给管理政策的实施；同时，资本市场、产品市场和劳动力市场的总供给和总需求平衡状态也可能有所不同，目前主要产品市场仍然处于买方市场状态，但是劳动力市场和能源市场已经出现了供给不足和需求过剩的迹象，而资本市场继续扩大了需求和供给之间的缺口，出现了显著的流动性过剩现象，进而加剧了热钱流动和人民币的持续升值。

2.4 本章小结

改革开放以来我国经济波动存在六个显著的经济收缩期，经济波动收缩期的波动位势、幅度和收缩强度均呈现先升后降的态势。本章从经济收缩期主要宏观经济变量的波动性、持续性，以及与实际GDP增长率的协动性，重点分析了全面改革开放（1992年）以来经济收缩期模式和发展的演化过程，并从借鉴国际经济收缩的经验，剖析经济收缩期宏观经济调控特征和驱动因素来具体分析我国经济收缩模式的成因，得到以下几点结论：

第一，经济波动收缩的外在表现形式是宏观经济的总体形势呈现全面的、持续性下降，本书参照国际上对经济收缩的经典定义，将我国实际GDP增长率连续一年及以上的下降定义为收缩期，发现我国改革开放以来存在六个显著的经济收缩期，分别为1980Q1—1981Q3、1985Q1—1986Q4、1988Q1—1990Q1、1993Q2—1998Q4、2007Q2—2009Q1和2010Q2—2016Q2。这种划分与宏观经济景气指数中的一致指数和预警指数的周期性下降阶段基本上相契合，较为准确和科学地标注出我国经济波动的收缩期。

第二，我国经济波动收缩期的描述性统计特征显示，我国经济波动收缩期（除2007年2季度到2009年1季度国际金融危机时期的经济波动收缩外）的均值、波动性、持续性和收缩强度均呈现一种先升后降的态势，可以预期现阶段我国经济波动的收缩模式的持续期、位势和波动幅度都将出现一定程度的下降，经济目前应该处于筑底回升阶段，虽然出现了反复，但是从经济的基本面来看，我国经济正处于经济结构调整和发展方式转变的关键时期，一旦经济在反复中积蓄足够力量，我国经济仍有可能呈现类似于“软着陆”以后的连续活力W形反弹的“软扩张”。

第三，从我国主要宏观经济结构变量在经济波动收缩期的统计特征，及其与实际GDP增长的协动性上来看，全面改革开放（1992年）以来的三次经济波动收缩均与出口、第二产业、财政收入和M1有显著的关联性和协动性。其中，外部市场的不景气（出口）是导致我国对外依存度高的经济体出现经济波动收缩的主要原因之一，而第二产业的关联性和协动性表明我国经济收缩在产业层面上主要体现在第二产业；而财政收入和M1的高波动性和协动性表明我国宏观经济政策在经济收缩期操作频繁，且起到了较为明显的效果。

第四，通过总结国际经济收缩的成因，分析宏观调控工具变量的规模和收缩期前后的变化特征，以及解析经济收缩期的供需驱动因素，我们发现经济收缩的程度与经济基础和经济结构密切相关，我国应该积极推进经济结构的深化改革，夯实经济基础，这样才能减轻经济波动收缩期对我国经济和人民生活的影响；同时，宏观经济政策工具变量的使用应该注意经济运行情况，奉行适时适度的原则，并注重政策的连续性和科学性；此外，我国经济波动收缩期随着时间的变化，其供需驱动因素发生了变化，就现阶段而言，我国应该在需求管理的基础上，通过经济结构调整和发展方式转变，寻求供给驱动因素，有效解决抑制经济发展的供给短缺因素，积极把握、推进和发展以技术创新为主的驱动因素（刘世锦，1999），以促进经济进入新一轮的长期可持续发展。

第3章　中国经济波动的实体冲击因素研究

为研究引起我国经济波动的实体冲击因素，本章结合我国国情和制度环境构建了由家庭、厂商和政府部门构成的DSGE模型并采用贝叶斯估计方法对其进行估计，从实证角度基于已构建的模型进行脉冲响应分析、方差分解和历史分解分析，来分析主要宏观经济变量受到需求和供给的六个外生冲击的影响。脉冲响应分析的结果显示：技术冲击对产出、消费和投资均产生显著的长期促进作用，并对通货膨胀的抑制作用明显；价格加成冲击和工资加成冲击对通货膨胀产生显著的正向作用，对产出、消费和投资具有负向效应，即“滞胀”的体现；偏好冲击对通货膨胀产生促进作用，同时也会刺激产出和消费的增长，但对投资有抑制作用；利率冲击对各个内生变量均产生显著的负向作用，在抑制通货膨胀的同时需要警惕随之而来的经济下滑风险；政府支出冲击对投资和消费产生抑制作用，即“挤出效应”的体现，另外，其对产出和通胀均产生促进作用意味着财政政策的实施需要谨慎斟酌和权衡。方差分解和历史分解分析的结果显示：供给冲击是影响主要宏观经济变量的重要因素，且长期作用更大，而需求冲击对我国经济波动的解释能力较弱。其中，产出波动的主要驱动因素是技术冲击，其次是政府支出冲击和利率冲击；通货膨胀波动的主要驱动因素是价格加成冲击，其次是技术冲击；消费波动的主要驱动因素是技术冲击，其次是偏好冲击和利率冲击；投资波动的主要驱动因素是技术冲击，其次是利率冲击和价格加成冲击。基于以上对经济波动冲击来源的识别，为了维持经济的平稳增长，应当重点关注供给端政策和货币政策的制定和实施。

3.1 基于动态随机一般均衡视角的研究回顾

经济周期波动在宏观经济学领域占有非常重要的地位，随着动态随机一般均衡模型的出现，研究者对经济波动及其驱动因素等问题的研究有了较大突破。国外学者对DSGE模型的应用较早，而后多个经典模型被后续研究者广泛采用。

Bernanke等（1999）的动态随机一般均衡模型中包含了投资滞后、价格黏性、企业异质性，也加入了不完美的信贷市场，而借贷双方之间的委托代理问题和信息不对称问题是该信贷市场不完美的体现。该研究认为在经济周期运行过程中金融加速器会对其产生显著影响。信贷市场的摩擦会导致企业内部融资的成本低于外部融资，这种金融加速器的产生会造成资金分配的无效率。

Smets和Wouters（2003）融合了之前模型加入工资黏性和价格黏性等的特点，构建了DSGE模型来研究欧元区7个主要国家的经济波动问题，其参数采用的是贝叶斯估计方法。模型中研究了十个外生冲击对经济内生变量的影响，其中正向偏好冲击对产出和消费产生正向促进作用，但对投资具有抑制作用；产出、投资和消费都会受到技术冲击显著的正向影响，而对资本利用率和就业存在一定负向影响；正向政府支出冲击对产出有显著的促进作用，但是对消费有明显的负向影响，这也是“挤出效应”的体现。另外，货币冲击、劳动供给冲击和偏好冲击在中长期可以在很大程度上来解释产出、利率和通胀的波动。Smets和Wouters（2007）的研究目标是美国宏观经济，该研究构建了包括价格黏性、工资黏性、习惯偏好和投资调整成本的DSGE模型，模型中引入名义黏性、实际黏性以及七个外生冲击，选取了七个主要宏观经济数据来研究导致“大缓和”（Great Moderation）和“大通胀”（Great Inflation）的主要因素和经济波动的核心来源。

Ireland（2004）构建了加入货币政策冲击、偏好冲击和价格加成冲击的动态随机一般均衡模型来分析经济波动问题。研究结果表明产出波动的主要驱动因素是货币政策冲击，短期名义利率波动的主要驱动因素是偏好冲击，而通胀波动的主要驱动因素是价格加成冲击。然而技术冲击对产出波动的贡献率为43.5%，且随着时间推移对于通货膨胀波动的解释能力会逐渐下降至4.8%，这意味着技术冲击不能完全解释长期的经济波动。除此之外，该研究还认为产出缺口和通胀之间的替代关系（trade-off）应该在中央银行实施货币政策时被充分考虑。

Christiano等（2005）在对美国宏观经济进行研究时，在DSGE模型中加入了名义黏性，而加入名义黏性的合理性体现为各个宏观经济变量在受到外生冲击时的响应符合实际经济情况，该模型对美国经济的拟合效果较好，可以较好地解释现实经济问题。然而研究过程中发现，价格黏性对于提升模型效果所起到的作用微乎其微。该研究结果表明在货币政策冲击下，通胀波动的惯性突出，产出的脉冲响应呈现驼峰型曲线。另外，货币政策冲击会对货币增长率和利率产生持久的抑制作用。

Gali和Monacelli（2005）的研究中使用若干个有相同技术、偏好和市场结构的小型开放经济体构成了整个世界经济。该研究假设了三种货币政策的形式：国内利率盯住名义汇率、国内利率盯住CPI通胀和国内利率盯住国内通货膨胀，其中后两种是应用泰勒规则的具体体现。

Iacoviello（2005）在DSGE模型中引入资产价格、信贷约束、黏性价格和名义贷款，其中参与人的抵押贷款是通过资产来进行的，这意味着参与人的贷款能力在一定程度上会受到资产价格波动的影响。另外，产出在企业杠杆率提升的作用下会对货币政策冲击更加敏感，然而货币政策给产出带来的冲击会随着购房者加杠杆而减轻。Iacoviello（2010）主要针对美国的房地产市场来分析其存在的溢出效应，其研究结论为：房地产部门技术发展的缓慢引起了之前40年的房价上涨之势，而就房地产价格和投资波动的解释程度而言，货币政策的贡献率大概在20%，住房需求和房地产部门技术冲击的贡献率约为25%。此外，该研究还认为房地产市场会对居民消费产生逐渐增强的溢出效应。

近年来，国内学者也更多地将关注点投入到动态随机一般均衡模型中，虽然利用DSGE模型研究我国宏观经济波动的起步较晚，但是也取得了很大进展。例如，卜永祥和靳炎（2002）最初分析了技术冲击对产出波动的影响，其构建模型的理论基础是作为动态随机一般均衡理论起源的RBC模型，该研究的观点是技术变革能够解释产出76%的波动。随后在此基础上，陈昆亭和龚六堂（2006）构建了一个加入垄断竞争企业和价格黏性的微型动态随机一般均衡模型，进一步研究了产出波动受到利率冲击和技术冲击的影响程度。徐高（2008）为探究我国经济波动机制，基于冲击分解的角度构建两个DSGE模型，得出了技术进步和制度变化是经济波动原因的主要结论。

在2008年全球金融危机爆发之后，经济不稳定风险的问题日益显现，特别是近年来股市和楼市发展的繁荣却没有带动经济快速增长，经济增速下滑态势促使学者转而更加关注对宏观经济波动驱动因素的研究。诸多文献就政府财政冲击、技术冲击、货币冲击和金融冲击等层面展开研究。

在关于政府财政冲击的研究中，楚尔鸣和许先普（2014）基于DSGE模型分析了政府财政支出对实际产出和居民就业水平的影响，该研究认为，在财政预算软约束下，政府支出在短期内对居民就业和产出有显著的促进作用，然而政府财政支出对居民消费存在一定的“挤出效应”。陈利锋（2016）在研究消费性政府支出冲击和生产性政府支出冲击对总产出的脉冲响应时发现，总产出受到生产性政府支出冲击时的冲击效应更为强烈，且两种政府支出冲击对不同部门产出的影响各异。另外，该研究还通过建立一个多部门经济NK-DSGE模型来研究构成政府支出冲击的不同成分对宏观经济的影响，得出的结论是生产性政府支出冲击比消费性政府支出冲击对通胀和产出的推动作用更显著。

在关于技术冲击的研究中，许伟和陈斌开（2009）认为大部分投资、产出和长期消费波动可以由技术冲击来解释。郭立甫等（2013）指出技术冲击对产出波动有显著的促进作用，其对产出波动的贡献率为24%，而利率冲击对产出波动有一定负向影响，此外，产出水平在技术扩散机制存在的条件下能够达到新的稳态。Choi和Hur（2015）构建了MS-DSGE模型对韩国经济波动的驱动因素进行了分析，其主要研究结论是韩国产出波动的最主要驱动因素是技术冲击，另外，该研究还认为作为区制转换变量的冲击波动和货币政策规则能够有效提高模型的拟合优度。

在关于货币冲击的研究中，毛彦军和王晓芳（2012）构建动态随机一般均衡模型并利用贝叶斯估计方法，来分析通胀波动和产出波动受到货币需求和供给冲击的影响。该研究认为，货币需求冲击对通胀和产出波动的解释能力不足0.6%，不能对二者产生显著影响；而通胀和产出波动会在一定程度上受到货币供给冲击的同向影响，但是货币供给冲击对产出波动的解释能力低于2%，不能对其产生显著效应。郑忠华和邸俊鹏（2015）将信贷扩张作为研究视角，构建了一个包括家庭、企业、央行和商业银行等多个经济主体的DSGE模型，来研究房地产借贷和中国宏观经济波动的关联，得出的结论为：导致房价升高的根本原因是房地产市场流入了超量的货币，而这些货币是通过信贷渠道流入的，并且在该渠道下，利用存款准备金率来调控经济会产生比其他外生冲击更持久更显著的效果。李君妍和连飞（2015）为研究我国实际产出波动受利率预期冲击的影响，在所构建的DSGE模型中加入了利率预期冲击，并在此基础上进行脉冲响应分析。其研究结果表明，虽然名义利率非预期冲击和预期冲击在数量角度来讲均对产出有同向影响，但是名义利率的非预期冲击的效果更显著一些。

在关于金融冲击的研究中，鄢莉莉和王一鸣（2012）构建的动态随机一般均衡模型中包含了三种金融市场冲击，采用贝叶斯估计方法分析了我国经济波动受金融市场冲击的影响及其变化情况。得出结论如下：金融市场冲击可以解释产出波动的四分之一，当金融市场得到发展时，该比例会随之上升。此外，投资津贴冲击对宏观经济的影响程度会随着金融市场的发展而加深，而融资效率冲击和贷款冲击对经济的影响会随之减弱。张伟进和方振瑞（2013）同样构建DSGE模型来研究宏观经济波动受金融市场冲击的影响，其模型中加入了金融冲击和金融摩擦。该研究认为金融冲击是产出波动的第二大驱动因素，是投资波动的最主要驱动因素。王国静和田国强（2014）研究发现，金融冲击对产出波动的贡献率接近80%，并且认为对我国产出波动具有最显著作用的是金融冲击。朱培金（2017）构建了加入金融加速器机制和八个外生冲击的DSGE模型来分析利率市场化和金融杠杆对我国经济产生的影响。研究结果显示，各种冲击在金融加速器机制的作用下提升了对经济波动的影响，绝大部分内生变量的扰动可以用金融扩散冲击来解释，金融扩散冲击会对产出、劳动供给、投资和消费产生更大的影响。

另外还有关于其他因素的相关研究，例如，丁志帆（2014）研究认为技术冲击和消费习惯冲击对产出存在显著的正向影响，短期内投资边际效率冲击可以促进产出和投资的发展，但在长期存在抑制作用；投资边际效率冲击对产出波动的解释能力最强，达到53.79%，其次是技术冲击，而政府支出冲击和消费习惯冲击不能对产出波动作出充分解释。吕风勇（2015）研究认为，消费者耐用品偏好的增强促进了我国经济的持续高速增长，然而偏好冲击尤其是耐用品偏好的易变性会给经济带来增速趋降的风险隐患。

3.2 构建包含供给冲击与需求冲击的DSGE模型

Smets和Wouters（以下简称SW）（2003，2007）的研究认为，宏观经济分析提供了较为经典和成熟的动态随机一般均衡模型。其中SW（2003）基于季度数据，利用贝叶斯估计方法研究了欧元区主要七个国家受到偏好冲击、生产率冲击和劳动供给冲击等外生冲击的影响。随后SW（2007）对美国宏观经济进行的相关分析同样采用了包括价格黏性、工资黏性、习惯偏好和投资调整成本的DSGE模型，与我国目前国情基本相符，该模型也多次被后续研究者借鉴，用以研究宏观经济政策、房地产、汇率和开放经济等与宏观经济相关问题的关联性。

我们遵循SW（2003，2007）的研究思路构建适合我国国情和制度环境的DSGE模型。模型主要由三个部分构成：家庭部门、厂商部门和政府部门。其中家庭部门引入习惯偏好；厂商部门存在两类，一类是面临完全经济市场结构的最终产品生产商，另一类是中间产品生产商，面临垄断竞争的市场结构；而政府部门主要由中央银行来实现货币政策的执行。基于三个主体的最优行为，经济实现均衡状态。该模型引入六个外生冲击，分别为包括工资加成冲击、价格加成冲击、技术冲击的供给冲击和包括偏好冲击、货币政策冲击、政府支出冲击的需求冲击。本章的分析以上述模型为主体。

3.2.1 引入消费习惯偏好的家庭部门设定

1.家庭部门效用函数和约束条件

假定经济系统由代表性家庭i构成且具有无限寿命结构，家庭提供的异质性劳动可以加总，其效用函数如下所示：

$$E_t\sum_{t=0}^{\infty}\varepsilon_t^h\beta^t\left[\frac{(c_t^i-hc_{t-1})^{1-\sigma_c}}{1-\sigma_c}-\frac{(l_t^i)^{1+\sigma_l}}{1+\sigma_l}+\frac{(M_t^i/P_t)^{1-\sigma_m}}{1-\sigma_m}\right] \tag{3.1}$$

这里，ε_t^h为消费偏好冲击，c_t^i表示居民消费，β表示贴现因子，l_t^i表示居民提供的劳动，h表示习惯偏好。P_t和M_t^i分别代表价格水平和居民持有的名义货币，M_t^i/P_t代表实际货币余额。而σ_m表示货币需求利率弹性，σ_l表示劳动供给弹性，σ_c表示消费跨期替代弹性。

实现家庭效用最大化应满足如下预算约束：

$$\frac{M_t^i}{P_t}+\frac{B_t^i}{R_tP_t}+c_t^i+i_t^i=\frac{M_{t-1}^i}{P_t}+\frac{B_{t-1}^i}{P_t}+y_t^i \tag{3.2}$$

该预算约束的等式两边分别代表总支出和总收入。其中，B_t^i代表家庭部门持有的债券，R_t代表债券名义收益率，i_t^i代表家庭投资。

代表性家庭i的当期收入y_t^i由下式决定：

$$y_t^i=w_t^il_t^i+(r_t^kz_t^ik_{t-1}^i-\Psi(z_t^i)k_{t-1}^i)+d_t^i \tag{3.3}$$

其中，w_t^i表示实际工资，k_t^i代表资本存量，z_t^i和r_t^k分别代表资本利用率和资本收益率，$\Psi(\cdot)$为资本使用成本，且$\Psi(1)=0$。具体地，$w_t^il_t^i$为居民工资即代表劳动收入，$r_t^kz_t^ik_{t-1}^i-\Psi(z_t^i)k_{t-1}^i$为实际资本回报与资本效用变动的差值，$d_t^i$代表着中间产品厂商的分红，这三个部分构成了家庭的当期收入。

2.家庭部门劳动供给与工资决定

假定只有比例为（$1-\xi_w$）的家庭会在每一时期对工资进行调整，其调整的最优工资为$\tilde{w}_t^i$。则每个家庭的名义工资为：

$$W_t^i=(\frac{P_{t-1}}{P_{t-2}})^{\gamma_w}W_{t-1}^i \tag{3.4}$$

其中，γ_w为工资指数水平，如果$\gamma_w=1$，那么名义工资将根据通货膨胀率来调整；而当$\gamma_w=0$时，名义工资不产生变化。家庭在劳动需求和预算约束下，通过设定名义工资来实现效用最大化。家庭部门面对的劳动需求函数如下：

$$l_t^i=(\frac{W_t^i}{W_t})^{-\frac{1+\lambda_t^w}{\lambda_t^w}}L_t \tag{3.5}$$

这里，λ_t^w表示相对于劳动成本工资的加成率（make-up），也即提供异质性劳动的不同家庭之间的替代弹性，并且$\lambda_t^w=\lambda_w+\varepsilon_t^w$，$\varepsilon_t^w$表示价格加成冲击。加总名义工资$W_t$和总劳动需求$L_t$如下所示：

$$W_t=[\int_0^1(W_t^i)^{-\frac{1}{\lambda_t^w}}di]^{-\lambda_t^w} \tag{3.6}$$

$$L_t=[\int_0^1(l_t^i)^{\frac{1}{1+\lambda_t^w}}di]^{1+\lambda_t^w} \tag{3.7}$$

由此可知，最优工资的运动方程为：

$$\tilde{w}_t=\frac{P_tE_t\sum_{n=0}^{\infty}\beta^n\xi_w^i l_{t+n}^i U_{t+n}^l}{E_t\sum_{n=0}^{\infty}\beta^n\xi_w(\frac{P_t/P_{t-1}}{P_{t+n}/P_{t+n-1}})^{\gamma_w}\frac{l_{t+n}^i U_{t+n}^c}{1+\lambda_t^w}} \tag{3.8}$$

其中，U_{t+n}^l表示劳动的边际负效用，U_{t+n}^c表示消费的边际效用。另外，加总名义工资指数为：

$$(W_t)^{-1/\lambda_t^w}=\xi_w(W_{t-1}(\frac{P_{t-1}}{P_{t-1}})^{\gamma_w})^{-1/\lambda_t^w}+(1-\xi_w)(\tilde{W}_t)^{-1/\lambda_t^w} \tag{3.9}$$

由式（3.9）可以看出，加总工资指数是由对未来工资的预期和工资黏性两部分构成的。

3.家庭部门投资与资本积累

资本可以由家庭部门提供，家庭以r_t^k的价格将资本租用给中间产品生产商。家庭可以通过改变资本利用率z_t和增加投资i_t以提高资本存量的两种方式来增加资本供给。家庭资本积累方程如下：

$$k_t=(1-\delta)k_{t-1}+[1-S(i_t/i_{t-1})]i_t \tag{3.10}$$

其中，$S(\cdot)$为资本调整成本，当$S(\cdot)=S'(\cdot)=0$时达到稳态；δ代表折旧率。

综上所述，代表性家庭效用最大化问题可表示为：

$$\begin{aligned}L=&E_t\sum_{t=0}^{\infty}\beta^t[\varepsilon_t^h(\frac{(c_t^i-hc_{t-1}^i)^{1-\sigma_c}}{1-\sigma_c}-\frac{(l_t^i)^{1+\sigma_l}}{1+\sigma_l}+\frac{(M_t^i/P_t)^{1-\sigma_m}}{1-\sigma_m})+\\&\lambda_t(\frac{M_t^i}{P_t}+\frac{B_t^i}{R_tP_t}-\frac{M_{t-1}^i}{P_t}-\frac{B_{t-1}^i}{P_t}-y_t^i+c_t^i+i_t^i)+\\&Q_t(k_t-(1-\delta)k_{t-1}-(1-S(i_t/i_{t-1}))i_t)]\end{aligned} \tag{3.11}$$

分别求解k_t、i_t、z_t、c_t、B_t和M_t的一阶条件可得：

$$Q_t=E_t[\beta\frac{\lambda_{t+1}}{\lambda_t}((1-\delta)\lambda_{t+1}^p+z_{t+1}r_{t,t+1}^k-\Psi(z_{t+1}))] \tag{3.12}$$

$$Q_tS'(i_t/i_{t-1})i_t/i_{t-1}=1-\beta E_t[\frac{\lambda_{t+1}}{\lambda_t}(i_{t+1}/i_t)^2Q_{t+1}S'(i_{t+1}/i_t)] \tag{3.13}$$

$$r_t^k=\Psi'(z_t) \tag{3.14}$$

$$\lambda_t=\varepsilon_t^h(c_t^i-hc_{t-1}^i)^{-\sigma_c} \tag{3.15}$$

$$E_t(\frac{\lambda_{t+1}}{\lambda_t}\beta\frac{R_tP_t}{P_{t+1}})=1 \tag{3.16}$$

$$(\frac{M_t^i}{P_t})^{-\sigma_m}=E_t[\beta\lambda_{t+1}/P_{t+1}]-\lambda_t/P_t \tag{3.17}$$

3.2.2 包含垄断竞争的厂商设定

本章模型中厂商部门包括的生产商有两种，即中间产品生产商和最终产品生产商。其中，中间产品生产商的市场结构是垄断竞争，生产连续的中间产品，且每个中间产品生产商对应生产一种中间产品，而最终产品生产商的市场结构是完全竞争的，生产的产品是单一的。

1.最终产品生产商

中间产品生产商生产的中间产品用于最终产品厂商进行生产，生产函数表示为：

$$y_t=[\int_0^1(y_t^j)^{(\lambda_t^p-1)/\lambda_t^p}dj]^{\lambda_t^p/(\lambda_t^p-1)} \tag{3.18}$$

这里，y_t^j为中间产品生产商j生产的中间产品。λ_t^p为中间产品的价格加成水平，也即不同产品之间的替代弹性，且$\lambda_t^p=\lambda_p+\varepsilon_t^p$，其中$\varepsilon_t^p$为价格加成冲击。$\lambda_t^p$越大，意味着不同产品之间可替代性越小，而中间产品生产商控制价格水平的能力也越强。

最终产品生产商的利润函数如下：

$$\prod_t^y = P_t[\int_0^1 (y_t^j)^{(\lambda_t^p - 1)/\lambda_t^p} dj]^{\lambda_t^p/(\lambda_t^p - 1)} - \int_0^1 p_t^j y_t^j dj \tag{3.19}$$

最终产品生产商最大化其利润，可得到一阶条件：

$$\frac{\partial \prod_t^y}{\partial y_t^j} = P_t(\frac{y_t}{y_t^j})^{1/\lambda_t^p} - p_t^j = 0 \tag{3.20}$$

整理后可得最终产品生产商关于中间产品j的需求函数如下：

$$y_t^j = (\frac{p_t^j}{P_t})^{-\lambda_t^p} y_t \tag{3.21}$$

这里，P_t表示最终产品的价格，p_t^j表示中间产品生产商j产品的价格。由于最终产品生产商处于完全竞争的市场中，利润为零，所以按照如下规则为最终产品定价：

$$P_t = [\int_0^1 (p_t^j)^{1-\lambda_t^p} dj]^{1/(1-\lambda_t^p)} \tag{3.22}$$

2.中间产品生产商

中间产品生产商的生产函数为：

$$y_t^j = \varepsilon_t^a (z_t k_t^j)^{\alpha} (l_t^j)^{1-\alpha} \tag{3.23}$$

其中，z_t代表资本利用率，$z_t k_t^j$即为有效资本，ε_t^a表示技术冲击，α表示资本份额，l_t^j为厂商使用的劳动。

在上式的约束下，中间产品生产商最小化其实际生产成本：

$$\min r_t^k k_t^j + w_t l_t^j \tag{3.24}$$

$$s.t. y_t^j = \varepsilon_t^a (z_t k_t^j)^{\alpha} (l_t^j)^{1-\alpha} \tag{3.25}$$

将厂商成本最小化问题求解，可以得到下式：

$$\frac{W_t l_t^j}{r_t^k z_t k_t^j} = \frac{1-\alpha}{\alpha} \tag{3.26}$$

联立生产函数式（3.23）和式（3.26）可得中间产品生产商关于劳动和资本的需求函数如下：

$$l_t^j = \frac{y_t^j}{\varepsilon_t^a}[\frac{r_t^k(1-\alpha)}{w_t \alpha}]^{\alpha} \tag{3.27}$$

$$k_t^j = \frac{y_t^j}{\varepsilon_t^a}[\frac{r_t^k(1-\alpha)}{w_t \alpha}]^{\alpha-1} \tag{3.28}$$

厂商在每一时期所面对的工资和技术是相同的，所以存在相同的边际成本，将上面两个公式带入生产函数可得边际成本为：

$$mc_t = \frac{1}{\varepsilon_t^a} W_t^{1-\alpha} (r_t^k)^\alpha (\alpha^{-\alpha}(1-\alpha)^{-(1-\alpha)}) \tag{3.29}$$

中间产品生产商的利润为：

$$\prod_t^j = (p_t^j - mc_t)\left(\frac{p_t^j}{P_t}\right)^{-\lambda_t^p} y_t \tag{3.30}$$

类似于家庭工资的设定，我们假定每一时期有比例为$(1-\xi_p)$的厂商能够调整价格使其达到最优化，从而最大化其利润，而比例为ξ_p的厂商只能根据上一期的通货膨胀率来调整价格，但不能将产品价格重新设定。因此可以得到：

$$E_t \sum_{n=0}^{\infty} \beta^n \xi_p^n \lambda_t^p y_{t+n}^j \left[\frac{\tilde{p}_t^j}{P_t}\left(\frac{P_{t-1+n}/P_{t-1}}{P_{t+n}/P_t}\right)^{\gamma_p} - (1+\lambda_t^p) mc_t\right] = 0 \tag{3.31}$$

其中，$\tilde{p}_t^j$表示最优价格。而最终产品价格的运动方程为：

$$(P_t)^{-1/\lambda_t^p} = \xi_p \left[P_{t-1}\left(\frac{P_{t-1}}{P_{t-2}}\right)^{\gamma_p}\right]^{-1/\lambda_t^p} + (1-\xi_p)\ (\tilde{p}_t^j)^{-1/\lambda_t^p} \tag{3.32}$$

3.2.3 包含利率平滑与前瞻性行为的货币政策

本章设定货币政策服从Taylor规则的形式为：

$$R_t = (R_{t-1})^\rho [\ (E_t \pi_{t+1})^{\rho_\pi} (y_t)^{\rho_y}]^{(1-\rho)} e^{\varepsilon_t^R} \tag{3.33}$$

其中，ρ、ρ_y、ρ_π分别为利率平滑程度、产出反应系数和通胀反应系数。货币政策冲击ε_t^R会显著干扰货币政策规则。

3.2.4 市场出清

最终市场出清如下所示：

$$y_t = c_t + i_t + g_t + \Psi\ (z_t) k_{t-1} \tag{3.34}$$

3.3 模型参数估计与计量分析

为了研究需求和供给冲击对我国宏观经济的影响，本节在对所选取的数据作出说明和处理后，进行了模型参数校准和估计，随后利用

DSGE模型进行脉冲响应分析、方差分解和历史分解，以此来识别导致我国经济波动的驱动因素和这些波动的主要来源。本节中经济数据在无特殊说明的情况下均来源于中经网统计数据库，完成数据处理和模型估计的软件是Eviews7.0与Matlab2015b。

3.3.1 数据的选取与处理

1.数据的选取

本书选取产出、利率、投资、消费和通货膨胀率这五个经济变量的季度数据进行实证分析，数据的起止时间为1999年第1季度至2017年第4季度。为消除量纲差异，需首先对数据进行标准化处理。

产出选取实际GDP季度同比增长率作为指标。对于该数据中的季节影响，这里选用X-12季节调整的方法来剔除，而季度GDP数据的趋势性则需要通过HP滤波法来去除，从而获得其相对于稳态的偏离。

利率数据选择银行间7天同业拆借利率，这主要是由于我国的存贷款利率缺乏波动性，尚未完全市场化。为了提高数据的可靠性和准确性，这里将季度内各月份的同业拆借交易量作为权重，将月度数据通过加权平均法转换成季度数据，最后利用HP滤波法来获取该数据的波动成分。

投资选取固定资产投资完成额月度累计同比增速作为指标。首先将月度投资数据通过取算术平均的方法转化为季度数据，然后利用X-12季节调整的方法剔除季节因素影响，最后利用HP滤波法来获取数据的波动成分。

消费数据选择季度社会消费品零售总额月度同比增速。该数据的处理方法与投资的处理方法相同，这里不再赘述。

通货膨胀率选择居民消费价格指数环比涨跌率作为指标，同样通过算数平均法将月度数据转换为季度数据，之后用X-12方法将数据中的季节影响剔除，最后基于HP滤波分解方法获得所需的波动成分，即相对于稳态的偏离。

2.数据的平稳性检验

本书对经过上述处理后的变量数据进行ADF单位根检验，以此来验证其平稳性，检验结果见表3-1。从表3-1可以看出，处理后的五个变量均在1%的显著性水平下拒绝存在单位根的原假设，表明时间序列数据是平稳的。

表3-1 各变量ADF单位根检验结果

处理后的变量	显著性水平	t统计量	p值
产出	1%	-4.056	0.001
利率	1%	-4.686	0.000
投资	1%	-5.166	0.000
消费	1%	-4.159	0.002
通货膨胀率	1%	-6.097	0.000

3.3.2 模型参数的校准

传统计量经济学主要基于统计学思想来检验所构建回归方程的参数，而DSGE模型有别于回归模型，经济数据是其参数校准的基础。本节所构建的模型系统包含的参数有：α、β、σ_l、σ_c、δ、γ_p、γ_w、h、ρ、ξ_w和ξ_p。在进行数值模拟前，需根据已有文献对这些静态参数进行校准。

根据李成、马文涛和王彬（2009）的研究设置资本份额α为0.20，由于资本折旧率为0.1，因此设定季度折旧率δ为0.025。参照高铁梅和郭立甫、姚坚（2013）的研究，将季度贴现因子β设为0.99。根据楚尔鸣和许先普（2013）的研究，分别将劳动跨期替代弹性σ_l和消费跨期替代弹性σ_c设定为6.752和0.85。根据Smets和Wouters（2003）的研究将价格指数γ_p和工资指数γ_w均设定为0.75，而将家庭调整工资比例ξ_w和厂商调整价格比例ξ_p均取值为0.75。参照王君斌等（2011）的研究，可将消费惯性h设定为0.583。根据Liu和Zhang（2007）的研究，设定泰勒规则中参数ρ为0.82。因此基本参数校准可归结为表3-2。

表3-2 基本参数校准

参数	取值	参数	取值
资本份额α	0.2	工资指数γ_w	0.75
贴现因子β	0.99	消费惯性h	0.583
劳动跨期替代弹性σ_l	6.752	利率平滑系数ρ	0.82
消费跨期替代弹性σ_c	0.85	家庭调整工资比例ξ_w	0.75
折旧率δ	0.025	厂商调整价格比例ξ_p	0.75
价格指数γ_p	0.75		

3.3.3 模型参数的贝叶斯估计

目前，与GMM和OLS估计方法相比较，贝叶斯估计方法在优越性和融合性方面更适用于DSGE模型框架，它将参数校准与最大似然估计相结合，使得结构参数的最优化算法更具有稳健性。本节首先参照前人的研究成果，设定出预估参数的先验分布形式以及分布的均值和方差，之后利用似然函数和先验分布得到参数的后验分布。

1.参数先验分布的设定

参数先验分布设定的依据来源于前人的理论研究。本节参照SW（2003）的研究来设定价格指数、工资指数、家庭工资和厂商价格固定比例。根据王彬等（2014）的研究来设定习惯偏好、消费跨期替代弹性和劳动跨期替代弹性。参考郭立甫等（2013）的研究来设定外生冲击的标准差及外生冲击的AR（1）系数。参照李成等（2009）的研究来设定利率规则中的参数。根据王云清和朱启贵（2012）的研究来设置资本使用成本和投资调整成本的稳态。本节经过多次调试后适当地调整了部分参数的均值和标准差。

2.贝叶斯估计结果

根据先前的设定及数据处理对参数进行贝叶斯估计，本节迭代次数为20 000次，首先给出模型的多变量诊断结果如图3-1所示，从图中可以观察到，伴随迭代次数的递增，两条曲线逐渐趋近，且波动性逐渐减小，本书去除前50%不稳定模拟，从而保证这个模拟过程的估计结果是稳健的。

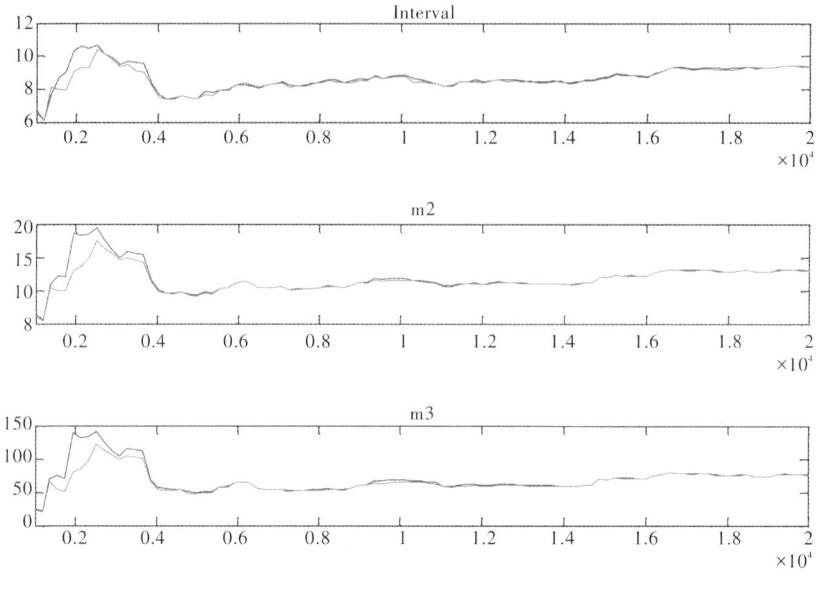

图3-1 模型的多变量诊断结果

参数的贝叶斯估计的结果见表3-3和如图3-2所示，其中，表3-3给出了参数的先验分布、后验均值以及90%置信区间，由于α、β、δ等参数的赋值理论依据较为成熟，应用也较为普遍，故本书仅针对其他参数进行校准；图3-2显示了估计的先验分布和后验分布图，图中的黑色曲线代表后验概率密度函数，灰色曲线为先验分布，竖直虚线为后验众数。

表3-3 **参数贝叶斯估计结果**

参数	含义	先验分布	后验均值	90%置信区间
h	消费惯性	B(0.5, 0.25)	0.6157	[0.4852, 0.7384]
σ_l	劳动跨期替代弹性	N(4, 0.5)	3.8573	[3.0290, 4.6951]
σ_c	消费跨期替代弹性	N(3.5, 0.35)	3.5262	[2.9551, 4.1073]
γ_w	工资指数	B(0.75, 0.15)	0.4621	[0.1914, 0.7172]
γ_p	价格指数	B(0.75, 0.15)	0.7805	[0.6199, 0.9563]

续表

参数	含义	先验分布	后验均值	90% 置信区间
ξ_p	厂商价格固定比例	B(0.75, 0.05)	0.8309	[0.7729, 0.8929]
ξ_w	家庭工资固定比例	B(0.75, 0.05)	0.7733	[0.7007, 0.8447]
ρ_π	通胀反应系数	N(2, 0.1)	1.9044	[1.7449, 2.0721]
ρ_y	产出反应系数	N(1, 0.05)	1.0173	[0.9411, 1.0953]
ρ	利率平滑系数	N(0.5, 0.2)	0.6471	[0.5600, 0.7352]
$\frac{\Psi''(1)}{\Psi'(1)}$	资本使用成本稳态	N(0.2, 0.075)	0.1800	[0.0516, 0.3101]
$\bar{S}''$	投资调整成本稳态	N(4, 1.5)	4.0598	[2.7368, 5.4429]
σ_g	政府支出冲击标准差	Γ^{-1}(0.1, 2)	0.3724	[0.3171, 0.4167]
σ_α	技术冲击标准差	Γ^{-1}(0.1, 2)	1.1641	[0.6940, 1.6891]
σ_R	利率冲击标准差	Γ^{-1}(0.1, 2)	0.5472	[0.4484, 0.6369]
σ_p	价格加成冲击标准差	Γ^{-1}(0.1, 2)	0.1458	[0.1097, 0.1844]
σ_h	偏好冲击标准差	Γ^{-1}(0.1, 2)	1.7733	[1.1283, 2.4510]
σ_w	工资加成冲击标准差	Γ^{-1}(0.1, 2)	0.0623	[0.0230, 0.1063]
ρ_g	政府支出冲击系数	B(0.5, 0.1)	0.6611	[0.5845, 0.7462]
ρ_α	技术冲击系数	B(0.5, 0.1)	0.7170	[0.6334, 0.8237]
ρ_R	利率冲击系数	B(0.5, 0.1)	0.2676	[0.1710, 0.3564]
ρ_p	价格加成冲击系数	B(0.5, 0.1)	0.5026	[0.3772, 0.6291]
ρ_h	偏好冲击系数	B(0.5, 0.1)	0.3593	[0.2454, 0.4766]
ρ_w	工资加成冲击系数	B(0.5, 0.1)	0.4575	[0.3020, 0.6048]

注：Γ^{-1}代表逆Gamma分布，B代表Beta分布，N代表正态分布，括号中的数字分别为均值和标准差。

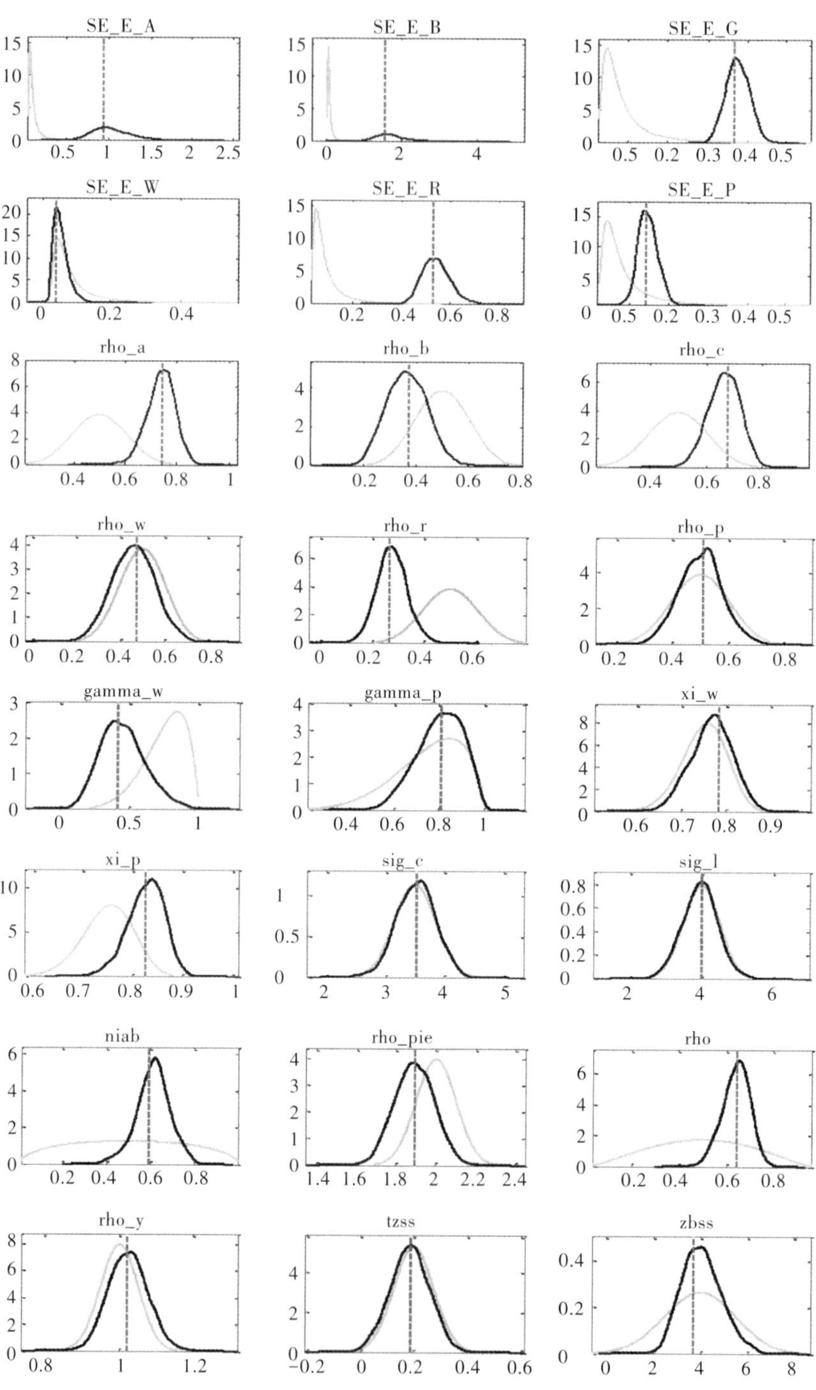

图3-2 先验分布与后验分布图

结合表3-3和图3-2可以得出如下结论：估计结果均在置信区间内，从统计学角度上较为显著，除去部分外生冲击的标准差外，大部分参数所设定的先验分布与后验分布比较相似，因此模型拟合效果较理想。部分参数的先验和后验曲线几乎重合验证了模型参数先验信息的稳定性和准确性，而先验分布与后验分布不完全重合意味着数据对先验分布进行了调整和校正。

3.3.4 我国经济波动的脉冲响应分析

本节将基于已设定参数的DSGE模型进行动态计量分析，研究供给冲击（技术冲击、价格加成冲击、工资加成冲击）和需求冲击（偏好冲击、利率冲击、政府支出冲击）对我国产出（Y）、通胀（PIE）、投资（I）和消费（C）的影响。首先在本小节对经济波动的驱动因素进行脉冲响应分析。图3-3至图3-8给出了产出、通胀、消费和投资分别受到一单位正向外生冲击的脉冲响应图。

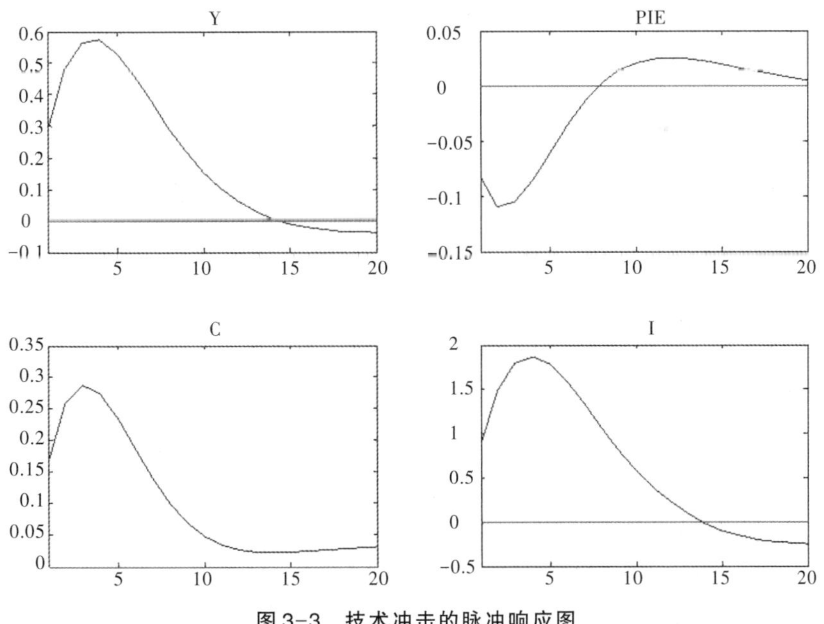

图3-3 技术冲击的脉冲响应图

从图3-3可以观察到，正向的技术冲击对产出、消费、投资均有先增大后减弱的正向效应，这说明技术变革或创新往往会对实体经济产生显著的促进作用，同时会加剧产出、消费和投资水平的波动。具体而言，产出的正向偏离在第4季度达到最大，随后呈现反转态势并在14个季度后收敛于零，这说明技术冲击对产出的影响是持久的，并且短期效应较为突出；消费和投资的脉冲曲线与产出类似，受到技术冲击后迅速上升而后缓慢下降最终回到初始的稳态；然而通胀在受到正向技术冲击后发生负向偏离，并在8个季度后趋于收敛，这说明技术改进有利于降低成本从而使价格下降。

从图3-4和图3-5可以观察到，价格加成冲击和工资加成冲击对产出、通胀、投资和消费的影响比较相似，故在此一并分析。在本章3.2节的模型设定部分已经做了相关介绍，在完全竞争下产出、消费、投资等主要经济变量值更高一些，这是由于厂商及劳动力供给方可以在一定程度上控制价格和工资，这种情况导致了市场的无效率，垄断越严重，效率损失越大。图3-4和图3-5中，通胀受到价格加成冲击和工资加成冲击后均发生正向偏离，而产出、消费、投资与之相反，发生负向偏离，“滞胀”即体现于此。

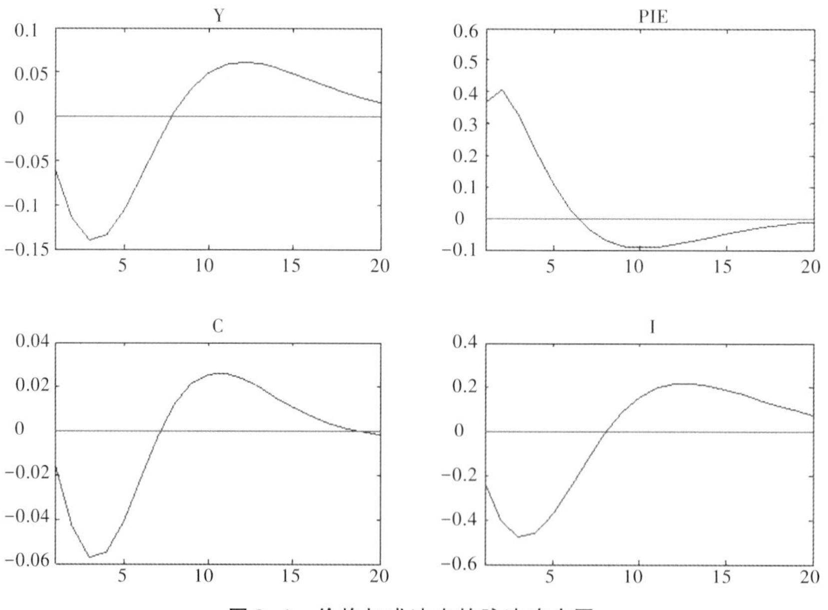

图3-4 价格加成冲击的脉冲响应图

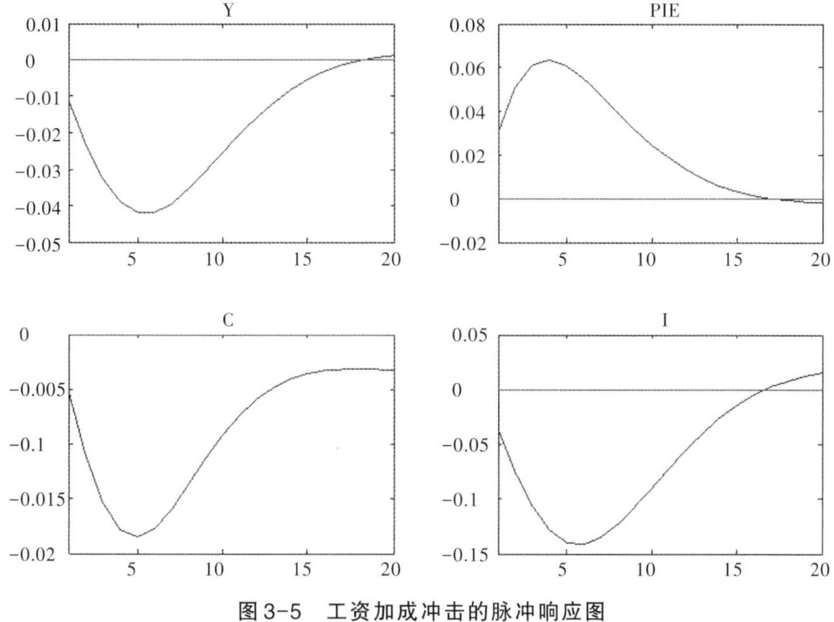

图3-5　工资加成冲击的脉冲响应图

从图3-6可以观察到，一单位的正向偏好冲击使得产出和消费先迅速发生正向偏离，而后下降收敛回稳态，由此体现出将习惯偏好加入模型中的合理性，产出和消费确实会受到居民习惯偏好的影响。然而正向的偏好冲击始终对通胀有先增大后减小的正向效应，最后在新的稳态水平收敛，这意味着消费惯性将在一定程度上带来价格的刚性上涨。投资与通胀相反，正向偏好冲击使其产生先增大后减弱的负向偏离，这是因为这个时期居民收入用于消费的更多，从而对投资产生了“挤出效应”。

图3-7显示，在一单位正向利率冲击的作用下，产出、消费和投资的脉冲响应曲线接近，均呈现出先下降后缓慢上升的态势，最终回到原稳态，可见利率的上升会显著抑制产出、消费和投资水平的发展，这主要是由于厂商融资需要的成本受利率上升影响而增加，从而使投资受到抑制，投资和消费的减少又会造成产出的下降。而正向利率冲击会引起通胀的迅速下降，而后缓慢上升收敛于新的稳态，相比较而言，利率对通胀产生的负向效应更持久，这说明货币政策抑制通胀的作用更为显著，而紧缩性货币政策即是正向利率冲击的实际表现，故不可只专注于紧缩性货币政策对抑制通胀的有效性而忽略了其对产出、消费和投资的负向影响。

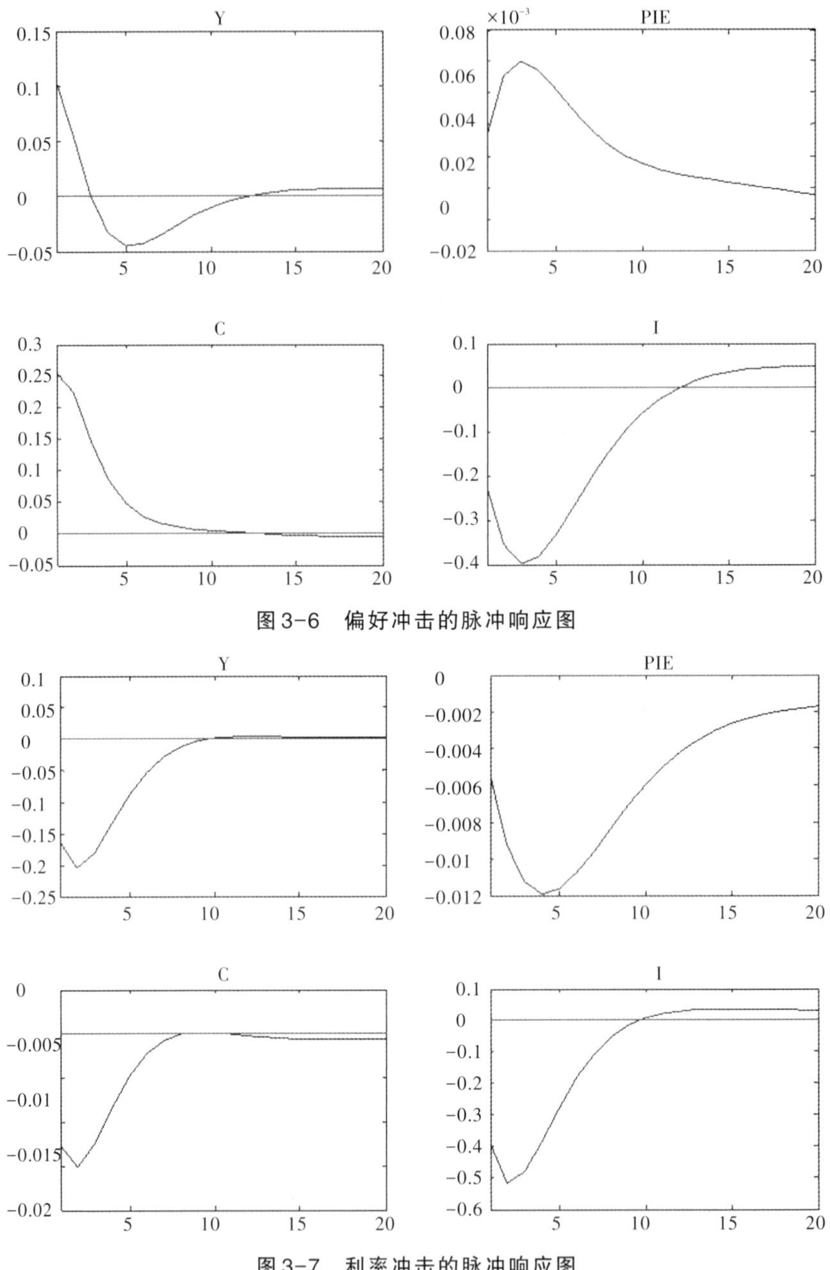

图 3-6　偏好冲击的脉冲响应图

图 3-7　利率冲击的脉冲响应图

从图 3-8 可以观察到，在受到一单位正向政府支出冲击后，产出表现为偏离稳态值的迅速上升，之后正向效应逐渐减弱，在 6 个季度后收敛于零，这说明政府的扩张性财政政策可以刺激总需求，但其持续时间较短。而在受到政府支出冲击后，通胀的惯性较显著，表现出在冲击的作用下先快速上升后缓慢下降，之后在新的稳态收敛。而正向的政府支出冲击会抑制居民的投资和消费，这是其对投资和消费具有“挤出效应”的体现，这一结果与理论预期相一致，因此政府和有关部门应该慎重使用财政政策刺激总需求，其将面临着消费与投资层面的福利成本约束。

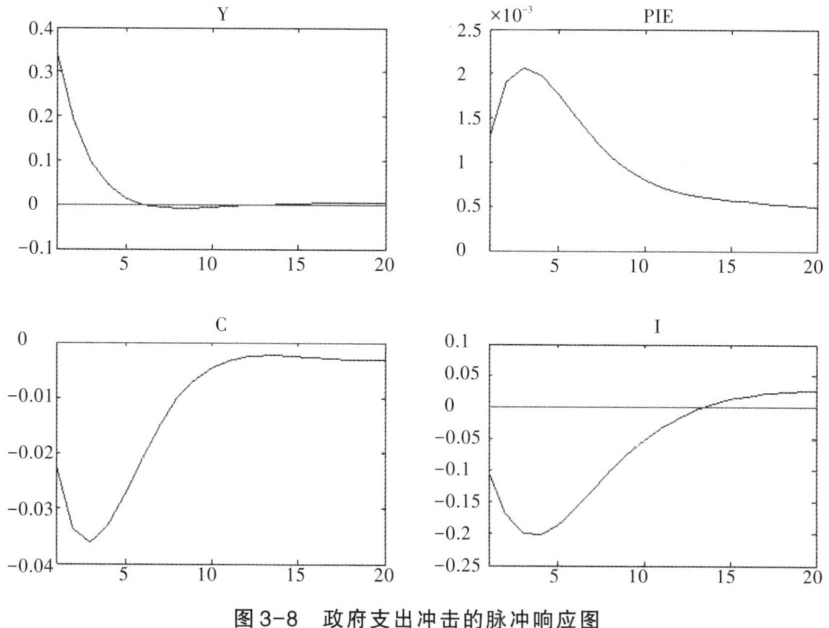

图3-8　政府支出冲击的脉冲响应图

3.3.5　我国经济波动的方差分解与历史分解

本小节利用方差分解和历史分解来研究各外生冲击对我国经济内生变量波动的贡献率，这样可以更直观地获得不同外生冲击对我国经济波动的影响程度，从而为解析经济周期波动的实体冲击和主要贡献者提供客观依据。产出、通胀、消费和投资的方差分解结果见表3-4至表3-7，历史分解结果如图3-9至图3-12所示。

首先通过表3-4来对产出波动的方差分解结果进行分析，在每一时期技术冲击对产出波动的贡献率都超过70%，很明显对于产出波动，技术冲击是最主要的驱动因素。偏好冲击、利率冲击和政府支出冲击这三

表3-4　　产出波动的方差分解

冲击 / 季度	供给冲击			需求冲击		
	技术	价格加成	工资加成	偏好	利率	政府支出
Q4	74.53	3.80	0.29	1.01	8.81	11.55
Q8	81.70	3.21	0.55	0.92	6.22	7.4
Q12	81.85	3.51	0.65	0.90	5.98	7.11
Q20	81.43	4.03	0.66	0.90	5.93	7.05

个需求冲击对产出波动的解释能力是逐渐下降的，在最初的时期对产出波动的贡献率达到21.37%左右，之后伴随着时间推移逐渐下降到13.88%，而技术冲击、价格加成冲击和工资加成冲击这三个供给冲击对产出的影响程度逐渐增强。这意味着，短期内政府通过刺激总需求来发展经济是有效的，但是长期内着重依靠供给方面管理政策尤其是推动技术进步来发展经济才是可靠之策。

表3-5　　通胀波动的方差分解

冲击 / 季度	供给冲击			需求冲击		
	技术	价格加成	工资加成	偏好	利率	政府支出
Q4	7.55	89.55	2.80	0.01	0.07	0.01
Q8	7.90	86.89	5.05	0.01	0.14	0.01
Q12	7.78	86.81	5.23	0.01	0.15	0.01
Q20	7.90	86.80	5.12	0.01	0.16	0.01

然后对通胀波动的方差分解结果进行分析，由表3-5可知，在各个时期价格加成冲击对通胀波动的贡献率均在85%以上，是通胀波动最主要的驱动因素。然而随着时间推移，价格加成冲击对通胀波动的解释能力逐渐减弱，说明厂商的垄断会导致市场的无效率，而这正是引发通货膨胀的最重要原因。另外，技术冲击和工资加成冲击也在一定程度上影响了通货膨胀的波动。相比而言，需求冲击对通胀波动的影响甚微，其各时期贡献率都不超过1%。这意味着供给冲击可能会引发价格水平

的上升，因此针对目前我国经济面临的总供给曲线向左上方移动的问题，不可一味地依赖扩张性货币政策和相关财政政策来刺激总需求，这样容易导致价格水平更快上升的风险性。

表3-6 **消费波动的方差分解**

冲击 / 季度	供给冲击			需求冲击		
	技术	价格加成	工资加成	偏好	利率	政府支出
Q4	56.19	1.66	0.18	28.34	12.83	0.78
Q8	63.99	1.66	0.37	22.61	10.52	0.85
Q12	64.18	1.98	0.43	22.23	10.33	0.85
Q20	64.29	2.08	0.45	22.03	10.29	0.85

观察表3-6中消费波动的方差分解结果可知，技术冲击对消费波动的影响最大，在每个时期可以解释50%以上的消费波动，且其贡献率从最初的56.19%逐渐上升到64.29%，这意味着消费波动在中长期受到供给冲击尤其是技术冲击的影响会逐渐增强。偏好冲击对消费波动的贡献率仅次于技术冲击，达到20%以上，说明消费受偏好冲击的影响也较大，这也验证了将消费习惯偏好加入本书模型是合理的。另外也不能忽略利率冲击对消费波动的影响，其贡献率达到10%以上，这意味着货币政策会在一定程度上影响居民消费，为避免总需求的剧烈波动，政府应制定稳定合理的货币政策，否则过度紧缩的利率政策势必会抑制居民消费。

最后通过表3-7来分析影响投资波动的驱动因素，可以看到技术冲击对投资波动的贡献率在80%以上，说明供给冲击尤其是技术冲击是导致投资波动的最主要因素。另外价格加成冲击对投资波动的贡献率在5%左右，也会在一定程度上影响投资的波动，原因是价格加成冲击可以使得中间产品厂商更具有垄断性，更有能力控制价格。而需求冲击对投资波动的解释能力不显著，而且在长期对投资波动的影响能力更弱。

历史分解区别于方差分解研究的是在每一个历史时期不同外生冲击对内生变量波动的贡献率。下面来说明产出、通胀、消费和投资波动的历史分解结果，图3-9至图3-12中横轴代表样本的起止时期为1999年

表 3-7 **投资波动的方差分解**

季度＼冲击	供给冲击			需求冲击		
	技术	价格加成	工资加成	偏好	利率	政府支出
Q4	83.01	5.19	0.34	3.78	6.75	0.93
Q8	86.82	3.94	0.61	3.26	4.43	0.93
Q12	86.79	4.19	0.73	3.15	4.20	0.93
Q20	86.14	4.92	0.73	3.13	4.15	0.92

第一季度至2017年第四季度，纵轴代表外生冲击对内生变量波动的贡献率，图中的黑色折线为模型参数估计所使用的各内生变量的数据。从各内生变量的历史分解图可以直观地看到，在2008年金融危机爆发时期，产出、消费、投资均受其影响发生了大幅度下降。另外，技术冲击对产出波动的影响最大，其次是政府支出冲击；通胀波动的主要驱动因素是价格加成冲击，技术冲击也对其产生一定影响；技术冲击和偏好冲击是造成消费波动的主要因素；而投资波动较为剧烈，从历史分解图可看出其主要来源是技术冲击、价格加成冲击和利率冲击。上述分析与方差分解结果基本一致，验证了结论的稳健性。

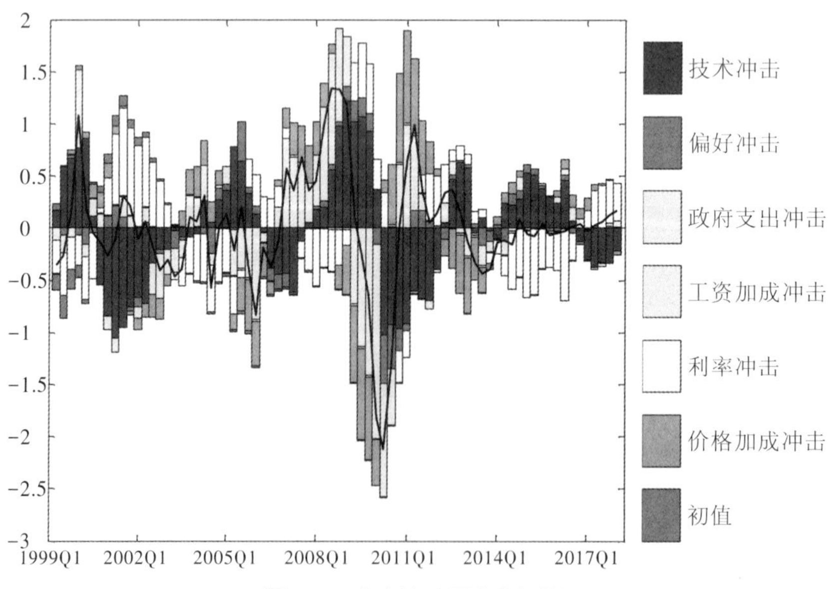

图 3-9 产出波动历史分解图

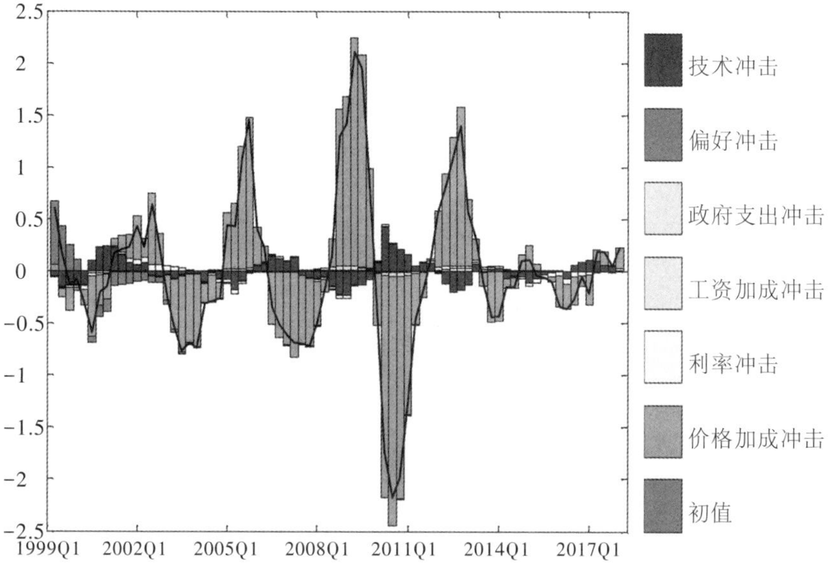

图3-10 通胀波动历史分解图

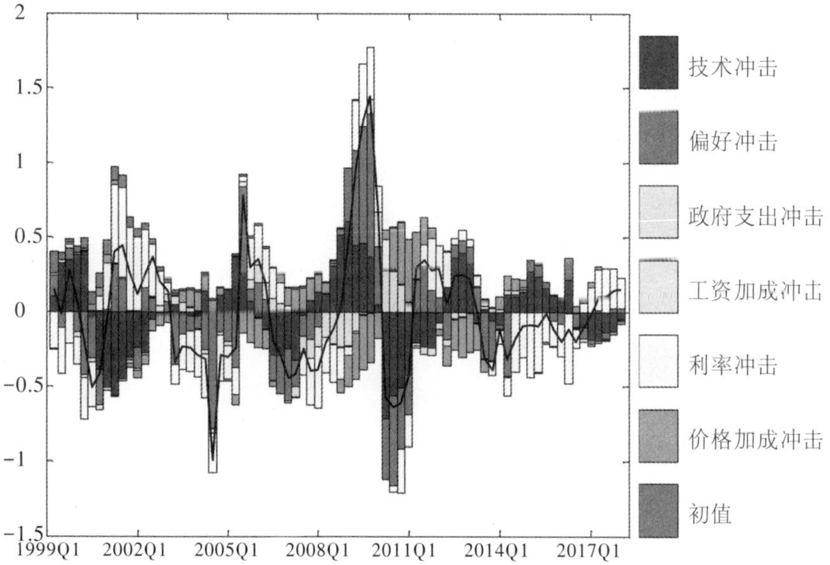

图3-11 消费波动历史分解图

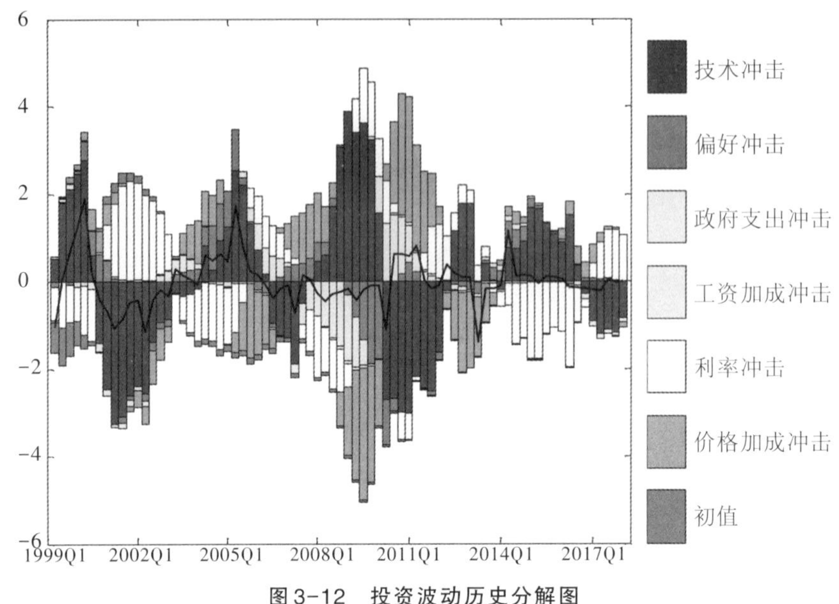

图3-12　投资波动历史分解图

3.4　本章小结

为了分析驱动我国整个经济波动的实体冲击因素，本章从动态一般均衡角度出发，构建了包含家庭部门、厂商部门和政府部门的DSGE模型，具体研究六个外生的需求和供给冲击对产出、通胀、消费和投资波动的影响。首先，本章对研究经济周期波动的驱动因素的相关文献进行了回顾和总结，然后借鉴前人具有成熟性和权威性的研究成果，结合我国经济发展实际情况构建了包括垄断竞争、习惯偏好以及包含前瞻性行为和利率平滑的Taylor规则的DSGE模型，并设定了家庭部门、厂商部门、政府部门的微观行为，为后续实证部分做好铺垫。模型中的三个需求冲击分别为：偏好冲击、利率冲击和政府支出冲击；三个供给冲击分别为：技术冲击、价格加成冲击和工资加成冲击。之后根据已有文献和相关宏观经济数据来进行模型参数的校准和贝叶斯估计，所采用的是我国GDP、通胀、利率、投资和消费的相关数据。最后从实证角度对已构建的模型进行脉冲响应分析、方差分解和历史分解分析，以此对我国经济周期波动的主要来源和驱动因素进行识别。基于相关的实证结果得出结论如下：

第一，根据模型参数的贝叶斯估计结果可知，首先估计的结果置信区间较小，在统计学角度上是显著的。其次除了部分外生冲击的标准差，大部分参数所设定的先验分布与后验分布都是比较接近的，这验证了模型拟合结果较为理想，并且模型参数的先验分布具有稳定性和合理性，也说明贝叶斯估计可以有效校正模型的先验分布。

第二，根据脉冲响应分析的结果可知，技术变革或创新会加剧我国经济的波动，技术冲击可以对产出、消费和投资产生显著的长期促进作用，而短期效应较为突出，同时技术冲击也会对通胀产生负向效应；价格加成冲击和工资加成冲击主要对通胀产生促进作用，而对产出、消费和投资产生抑制作用，这种情况即为“滞胀”的体现；偏好冲击对通胀产生显著的正向效应，同时也会刺激产出和消费的增长，但是对投资会产生抑制作用，这是由于居民收入更多地用于消费后，可用于投资的部分便减少；利率冲击对通胀和产出、消费和投资产生明显的负向作用，利用紧缩性的货币政策来抑制通胀可能会对经济发展造成风险；政府支出冲击对消费和投资具有“挤出效应”，对居民的消费和投资有明显的负向影响，而正向的政府支出冲击会对产出和通胀产生显著的促进作用，这意味着需要合理有效地对财政政策进行抉择。

第三，根据方差分解和历史分解的结果可知，整体来看供给冲击是影响主要宏观经济变量的重要因素，且长期作用更大，而需求冲击对我国经济周期波动的影响较弱。其中，技术冲击是产出波动的主要驱动因素，其次是政府支出冲击和利率冲击；通胀波动的主要驱动因素是价格加成冲击，其次是技术冲击；消费波动的主要原因是技术冲击，其次是偏好冲击和利率冲击；投资波动的核心因素是技术冲击，其次是利率冲击和价格加成冲击。各个主要经济变量均受到货币政策的影响，由此可见，货币政策在熨平经济波动方面有着举足轻重的地位。

针对上述结论，本章提出的政策建议如下：

首先，由于供给冲击是各宏观经济变量波动的主要来源，且长期影响能力是逐渐增强的，因此，政府应该充分重视对供给管理政策的制定，而非专注于依靠扩大总需求来促进经济的发展，对总需求的刺激应适度进行。就现阶段来看，之前政府的粗放式投资政策应当摒弃，同时注意避免大幅度刺激总需求。另外消费在我国总需求中所占比例较小，之前经济增长的驱动力主要是投资，这就意味着政府需要加强对收入分配不均问题的管理，积极采取措施来合理调节分配，从而促进居民的消费以推动经济发展。由于货币政策会对整个宏观经济波动产生显著影响，因此中央银行在制定相关货币政策时，应当充分考虑其可能导致经济风险问题的高度灵敏性，并结合当前经济发展实际情况更加谨慎合理地实施货币政策。现阶段我国处于美联储加息的大背景下，若想实现经济的“稳增长”，应当实施稳健的货币政策，注意避免宽松的货币政策可能导致的汇率波动和资本外流等问题，同时需要关注其他国家的货币政策，防范其对我国经济产生的“溢出效应”。

其次，对于供给端的管理政策而言技术变革是尤为重要的，技术进步是经济发展的源泉和持续动力，因此大力支持和鼓励技术创新可以显著并可持续地推动经济增长。另外政府在对宏观经济进行调控的过程中应当注重市场效率的提升，避免造成不必要的资源浪费和经济损失。政府需要采取有效措施来消除经济运行中的摩擦和阻力，例如，加快简政放权的实施步伐和加强垄断行业的监管力度。由于对通胀波动分析的结果显示供给因素影响价格水平上升的可能性很大，因此在应对通货膨胀问题时需要考虑相关供给方面的管理政策，单独实施紧缩性货币政策对通货膨胀的抑制作用显著，同时会存在导致产出、消费、投资水平下降的风险，所以多种政策相互配合实施是稳定抑制通胀问题的有效方式。

最后，由于刺激需求可以在短期内有效促进经济的发展和稳定，尽管供给方面政策需要得到高度重视，但是也不能忽略了对总需求的管理。因此，为了有效熨平我国经济波动，防止经济的进一步下行，政府应该结合多种宏观经济政策来促进经济的均衡稳定发展。

第4章 中国经济波动的金融冲击与传导机制

进入后金融危机时代后，经济动荡日益剧烈，金融风险逐渐凸显，探究金融冲击对我国经济波动的影响显得尤为重要。本章构建了符合我国经济情况的带有金融中介部门的DSGE模型，并且在模型中引入了金融摩擦，随后采用贝叶斯方法对其进行参数估计，最后从实证角度利用脉冲响应和方差分解的方法来进行金融摩擦对我国经济波动影响的动态分析。模型参数估计的结果显示，大部分结构参数的估计结果处于90%的置信区间内，且数据对先验分布进行了有效校正，这意味着估计结果具有稳健性。另外，脉冲响应分析的结果显示，金融摩擦的减小会导致各变量对冲击的响应程度变大，这意味着“金融加速器”效应存在于我国金融市场中。同时，资本质量冲击存在显著滞后性，且经济变量趋稳速度缓慢，这表明当金融摩擦存在时，经济会长期受到金融冲击的影响。而货币政策冲击影响经济变量的短期效应较为突出，且具有反周期性，这体现了短期内货币政策工具熨平经济波动的有效性。方差分解分析的结果显示，通胀冲击、技术冲击和资本质量冲击是引起产出波动的主导因素，而随着金融摩擦系数的减小，资本质量冲击对产出波动的解释能力增强，这主要是因为银行等金融中介部门的杠杆率会与金融摩擦系数反向变动，使得金融冲击通过被放大的资产负债表渠道向其他部门延伸，金融摩擦系数的降低让金融市场具有更强的传导与放大冲击的特征。基于以上分析，政府在制定相关政策以平稳经济波动时，应充分考虑“金融加速器”效应与金融摩擦状况，尤其应关注货币政策的短期调控作用。

4.1 经济周期波动与金融摩擦相关的文献综述

关于金融摩擦的文献有三个经典模型，大部分研究是在这三个模型基础上进行拓展和延伸。Bernanke等（1999）的研究是第一种模型的基础。Bernanke和Gertler（1989）提出了“金融加速器”效应，认为委托代理现象由信息不对称引起，生产成本随之提高，且企业的投资和流动性受到企业内部资金结构变动的影响而最终通过传导机制造成经济剧烈波动。此后，Carlstrom和Fuerst（1997）进一步在新凯恩斯模型中融入了BGG模型，形成了关于金融冲击研究的新框架。在该模型中，信息不对称是金融摩擦的主要形式，并且委托代理现象会随之发生，所以中间监督机构的引入是必要的，但伴随着监督成本的产生，出现外部融资溢价。另外，企业的资产净值与外部融资溢价存在关联，资产价格变动也会对其产生影响。Kiyotaki和Moore（1997）的研究是第二种模型的基础，并且Iacoviello（2005）对第二种模型进行了延伸。该模型基于信贷约束条件，在新凯恩斯模型中加入了金融摩擦因素。在该模型中，假设经济行为人存在两种，即贷款人和借款人，二者并非全为同质。贷款人的资金通过金融市场流入到金融中介，而借款人的资金通过提供抵押品来获取，这使得抵押品价格波动直接影响借款人的贷款额度和信用度，金融摩擦便通过该方式被带入模型。以上两种模型以非金融企业的信贷约束问题作为主要研究对象，但没有深入探索银行等处于借贷双方之间的中介机构的相关问题，这促使了第三种模型的出现。Gertler和Karadi（2011）的研究是第三种模型的基础，他们在模型中加入了银行等金融中介机构。银行业本身存在高风险性和不透明性，导致道德风险存在于信贷中，在与金融系数相关的杠杆率的作用下，金融中介部门所受的外部冲击会被放大并蔓延至其他部门，最终对经济波动产生更剧烈的影响。

对金融摩擦的大量相关研究是基于上述理论进行扩展的。例如，Gertler等（2007）利用韩国相关数据构建了带有“金融加速器”的开放经济模型，研究发现与浮动利率制相比，固定汇率制会造成更大的社会福利损失。Christiano等（2007）将工资黏性和金融摩擦加入到已有的开放经济模型中来研究瑞典经济，研究指出金融冲击会显著地反向影响产出与投资的波动。Christensen（2008）分析了美国金融部门与实体经济的关联机制，该研究运用极大似然估计得出了“金融加速器”效应存在于美国金融部门的结论。Nolan和Thoenissen（2009）构建了加入价格黏性和工资黏性的模型，使该模型更加符合现实情况，并且选取相关数据对第二次世界大战后的美国经济进行实证分析，研究表明融资溢价与金融冲击反向相关。另外，金融冲击对实体经济存在显著的抑制作用，是主导经济周期波动的重要因素。He和Krishanmuthy（2012）为界定风险溢价与金融危机的关系，构建了资产定价模型，研究结果显示消费会随着外部融资溢价的上升而下降，从而抑制总需求。基于BGG模型的研究理论，Nergo等（2013）将Smets和Wouters（2007）的模型和“金融加速器”相联系，分析第二次世界大战后美国的经济问题，研究表明加入金融压力的模型能够对未来经济的衰退进行预测。因此，该模型对美国经济环境的拟合性良好，可以预见经济危机的出现。基于Gertler和Karadi（2011）的理论，Sanjani（2014）分析了美国的经济波动，在模型中引入了政府支出冲击、边际投资冲击等外生冲击，并利用方差分解来研究各项冲击对经济波动的解释能力，研究表明资本冲击对美国经济周期波动的影响最大。Kaihatsu和Kurozumi（2014）构建了引入“金融加速器”机制的DSGE模型，选取日本和美国的相关经济数据来对经济波动的驱动因素进行研究，研究结果显示金融冲击比全要素生产率冲击对经济周期波动的影响更加显著。

近年来，日益兴起的经济全球化和不断扩大的市场经济改革引起了国内学者对金融摩擦与经济周期波动问题的关注。刘金全和郑挺国（2006）在检验我国实际产出与货币政策冲击之间的动态关联后发现二者之间的非对称性相当显著。赵振全和余震等（2007）研究发现“金融加速器”效应存在于我国经济中，并且最重要的波动源是信贷市场，它对波动的传导起到放大作用。吕光明（2009）基于SVAR模型来甄别驱动经济波动的需求和供给冲击，研究表明对于中国经济周期波动，供求冲击具有同等的重要性，且随着经济市场化进程的不断推进，市场化供求冲击的影响日趋显著。王立勇和张代强等（2010）通过开放经济模型来对货币政策有效性进行检验，得出了货币政策调控具有非线性特征的结论。其中，在经济高增长状态下，信贷和利率的正负冲击均存在非对称性，而在低增长状态下，这种效应相对较弱。隋建利和刘金全（2011）通过构建新凯恩斯货币DSGE模型来检验1992—2009年我国货币政策的有效性，研究表明货币政策冲击对经济波动影响微弱，但供求冲击的影响显著。刘金全等（2017）为研究金融摩擦与经济波动的关联关系，将金融中介部门引入到新凯恩斯动态随机一般均衡模型中进行分析，研究指出资产负债表是金融摩擦加速和放大金融冲击的渠道，经济波动乘数效应与金融摩擦系数呈现负相关关系。刘震和牟雯波（2020）系统地考察了我国金融周期的趋势性特征和主要驱动因素，并对比分析了经济周期、金融摩擦强度与金融周期的关联性，研究结果显示货币供给、房地产需求和投资效率是金融周期的主要驱动因素，金融周期是经济周期的领先指标，且与金融摩擦强度呈现正相关关系。

此外，国内学者对金融摩擦与经济周期波动的影响也有大量的研究。杜清源和龚六堂（2005）在实际经济周期模型中加入了“金融加速器”，以此来研究在信息不对称问题下冲击被放大的现象，研究表明“金融加速器”会将较小的冲击放大，从而引起实体经济的剧烈波动。刘斌（2008，2010）在开放性经济模型中加入金融中介部门，以此来研究多个冲击对经济波动的影响，研究发现货币政策在经济受到负向冲击时调控效果不好。陈晓光和张宇麟（2010）构建了引入异质性厂商和消费者的RBC模型，并在该模型中加入金融市场摩擦，且该摩擦对厂商和消费者具有信贷约束，得出的结论是政府消费冲击是重要波动源，而信贷约束是解释中国经济波动特征的显著传导机制。康立和龚六堂（2014）通过构建带有金融摩擦的开放经济DSGE模型来考察全球经济危机传导至国内经济的途径，研究结果显示当金融摩擦存在时，它会放大非贸易部门的危机传导，而政府合理的信贷政策对危机的传导可以起到一定的缓和作用。赵米芸等（2016）研究了经济波动与金融摩擦、违约冲击的动态关联后，发现在银行业资本质量和宏观经济下行的压力下，应警惕金融摩擦和源自金融中介自身的金融冲击对经济波动产生的诱发和加速作用，同时为维持金融经济的稳定，要加强对金融行业的监管力度，并关注金融中介资产负债表项目的变化。戴华娟等（2021）在新凯恩斯DSGE模型中引入宏观审慎政策和双重金融摩擦，以此衡量双重金融摩擦对资本充足率和贷款价值比两种宏观审慎工具政策效果的影响，研究表明供给端和需求端的金融摩擦对两种调控工具的政策效果影响不同，政府应重视二者的差异性影响，有针对性地实施调控政策。

4.2 金融摩擦下我国宏观经济DSGE模型设定

本节将对引入金融摩擦的新凯恩斯DSGE模型进行介绍。Gertler和Karadi（2011）的DSGE模型在已有文献中被广泛沿用，其优点体现在：第一，引入金融中介的模型不会被复杂化，其动态过程也不会因此受到影响；第二，金融摩擦的存在可以显现出银行部门在经济系统中的作用。

为了引入名义价格黏性，本节模型中加入了垄断竞争的零售部门。模型主要由五个部门构成，即家庭部门、生产部门、金融中介部门、垄断竞争的零售部门和中央银行与政府。其中，金融中介部门内含金融加速机制，由投资银行和商业银行组成，资金通过该部门从家庭部门流入非金融企业。当家庭的资金被金融中介部门获取时，存在一定的道德风险约束，而该约束是导致金融摩擦的重要原因。

4.2.1 家庭跨期最优化决策

假定我国经济系统由具有同质性和连续性特征的家庭构成，家庭提供可以加总的异质性劳动，其效用函数是包含劳动和偏好的消费函数。政府或者竞争性金融中介部门向家庭借贷，这部分资金由每个家庭的储蓄来提供。家庭部门由银行家和工人两部分构成。在任意时期，银行家所占比重为f，工人的比例为1-f，二者的转换是通过一个独立概率进行的，从而银行家和工人的跨期偏好是相似的。工人在劳动力市场中是垄断的竞争者，通过提供劳动力获得的工资会向家庭部门转移。另外，金融中介部门由银行家管理，银行家所得收入也会向家庭部门转移。每个银行家在下一期退出的概率为$1-\theta$，服从独立同分布。因此，每期$(1-\theta)f$的银行家成为工人，与此同时相同数量的工人会成为银行家，以此保持均衡。在成为工人之前，银行家会向家庭部门转移一部分收入，而新银行家的起始资本由家庭部门提供。模型中设定工人和银行家两种职业相互转换的数量是相同的，以维持每个职业的数量恒定。

假设家庭消费C_t，购买债券B_t并支付利率R_t，家庭部门提供劳动L_t来获得工资W_t，支付税款T_t，现有银行家收入与新进银行家的起始资金之差为净利润$\prod_t$。家庭部门效用最大化如下式所示：

$$\max_{C_t,L_t} E_t\sum_{i=0}^{\infty}\beta^i\left[\ln(C_{t+i}-hC_{t+i-1})-\frac{\chi}{1+\varphi}L_{t+i}^{1+\varphi}\right] \tag{4.1}$$

$$s.t.\ C_t+B_{t+1}=W_tL_t+R_tB_t+\prod\nolimits_t-T_t \tag{4.2}$$

式（4.1）中，h为习惯持续参数，χ为闲暇系数，φ为劳动系数，并且$0<\beta<1, 0<h<1$和$\chi, \phi>0$。消费动态变化是参照CEE模型与SW模型，运用习惯参数来获取的。

家庭实现效用最大化的一阶条件如下：

$$\rho_tW_t=\chi_tL_t^{\varphi} \tag{4.3}$$

$$\beta E_t\Lambda_{t,t+1}R_{t+1}=1 \tag{4.4}$$

$$\rho_t=(C_t-hC_{t-1})^{-1}-\beta hE_t(C_{t+1}-hC_t)^{-1} \tag{4.5}$$

$$\Lambda_{t,t+1}\equiv\rho_{t+1}/\rho_t \tag{4.6}$$

其中，式（4.4）为欧拉方程。在上述式中，ρ_t为消费的边际效用。

4.2.2 金融摩擦与内生信贷约束

生产部门的资金是由家庭部门通过银行家转移而来的。金融中介表示为j。t期开始，各个银行以无风险利率R_{t+1}从家庭部门获得存款B_{jt}，并于t+1期偿还。随后，产品生产者以价格Q_t出售给银行家S_t金融债券。t期末，资产减去债务可得到银行家的净资产N_t。综上所述，金融中介j的资产负债表（见表4-1）可表示为：

表4-1　　**金融中介资产负债表**

资产	负债
Q_tS_t	B_t
	N_t

$$N_{j,t}=Q_tS_{j,t}-B_{j,t} \tag{4.7}$$

设定$R_{k,t+1}$为t+1期非金融企业偿还债券的回报率，$R_{k,t+1}$和R_{t+1}均为内生变量。银行家的净资产可表示为：

$$N_{j,t+1}=R_{j,t+1}Q_tS_{j,t}-R_{t+1}B_{j,t} \tag{4.8}$$

$$N_{j,t+1}=R_{t+1}N_{j,t}+(R_{k,t+1}-R_{t+1})Q_tS_{j,t} \tag{4.9}$$

式（4.9）中，$(R_{k,t+1}-R_{t+1})$为外部融资溢价。净资产以R_{t+1}的速度增长，超额回报$(R_{k,t+1}-R_{t+1})Q_tS_{j,t}$是其主要驱动来源，这意味着该缺口与金融摩擦关系紧密。继续从业的银行家需要满足非金融企业从家庭部门借贷资金成本的折现值不大于债券预期回报的折现值的条件。因此，折现值的缺口满足以下条件：

$$\beta^i\Lambda_{t,t+1+i}(R_{k,t+1+i}-R_{t+1+i})\geqslant 0,\forall i\geqslant 0$$

其中，t期时，$\beta^i\Lambda_{t,t+1+i}$为t+i期的收益贴现到i期的折现因子。在退出前，银行家累计的净资产$V_{j,t}$为第t期的最大化预期资本价值，由以下公式表示为：

$$\begin{aligned}\max\{V_{j,t}&\equiv(1-\theta)E_t\{\sum_{i=0}^{\infty}\theta^i\beta^i\Lambda_{t,t+1+i}(N_{j,t+1+i})\}\\&\equiv(1-\theta)E_t\{\sum_{i=0}^{\infty}\theta^i\beta^i\Lambda_{t,t+1+i}(R_{t+1+i}N_{j,t+i}+(R_{k,t+1+i}-R_{t+1+i})Q_{t+i}S_{j,t+i})\}\end{aligned} \tag{4.10}$$

t-i期末银行价值可转换为贝尔曼方程（Bellman Equation），即：

$$V_{t-1}(S_{j,t-1},B_{j,t-1})=E_{t-1}\{\Lambda_{t-1,t}N_{j,t}\}+\max_{S_{j,t}}V_t(S_{j,t},B_{j,t}) \tag{4.11}$$

假设银行净资产方程为线性，即：

$$V_{j,t}=\nu_tQ_tS_{j,t}+\eta_tN_{j,t} \tag{4.12}$$

$$\nu_t = E_t\{(1-\theta)(R_{k,t+1}-R_{t+1}) + \beta\Lambda_{t,t+1}\theta x_{t,t+1}\nu_{t+1}\} \tag{4.13}$$

$$\eta_t = E_t\{(1-\theta)R_{t+1} + \beta\Lambda_{t,t+1}\theta z_{t,t+1}\eta_{t+1}\} \tag{4.14}$$

$$x_{t,t+1} \equiv \frac{Q_{t+i}S_{j,t+i}}{Q_tS_{j,t}} \tag{4.15}$$

$$z_{t,t+1} \equiv \frac{N_{j,t+i}}{N_{j,t}} \tag{4.16}$$

其中，结构参数η_t和ν_t分别代表银行净资产的贴现边际收益和t期末总资产的贴现边际收益。$z_{t,t+i}$和$x_{t,t+i}$分别表示t+i期净资产和总资产相对于t期的增长率。

若在经济中不存在金融摩擦，在回报率调整到$\nu_t=0$之前，银行中介将一直从家庭部门借贷，模型中以道德风险的形式加入金融摩擦来限制该行为。银行家在每一期可将部分资产$\lambda Q_tS_{j,t}$向家庭部门转移。而以个人利益来进行资金转移的银行家将会破产，其余部分资产$(1-\lambda)Q_tS_{j,t}$也会被债权人追回，同时债权人会通过控制银行的借贷金额来规避该风险。基于t期末的资产负债表，设定V_t的最大值为$V_t(S_{j,t}, B_{j,t})$。此外，受到道德风险的约束，银行家不会任意转移资金，即：

$$V_t(S_{j,t}, B_{j,t}) \geqslant \lambda Q_tS_{j,t} \tag{4.17}$$

式（4.17）表明，只有在转移资金与违约的价值小于银行家的资本价值时，银行家才能防止破产。约束存在后，产生净资产的杠杆率(ϕ_t)，即：

$$Q_tS_{j,t} = \frac{\eta_t}{\lambda-\nu_t}N_{j,t} \tag{4.18}$$

$$Q_tS_{j,t} = \phi_tN_{j,t} \tag{4.19}$$

式（4.18）和式（4.19）中，λ为金融摩擦系数，$\phi_t = \eta_t/(\lambda-\nu_t)$为金融中介杠杆率。

现有银行家的净资产为：

$$N_t = \theta[(R_{k,t}-R_t)\phi_t + R_t]N_{t-1}$$

每一期有比例为$(1-\theta)$的银行家退出，并向家庭部门转移累计净资产Q_tS_t，在t+1期新进入的银行家获取$\omega/1-\theta$比例的该部分资金作为初始资本N_{nt}，即：

$$N_{nt} = \frac{\omega}{1-\theta}(1-\theta)Q_tS_{t-1} = \omega Q_tS_{t-1} \tag{4.20}$$

t期总资产净值为：

$$N_t = N_{et} + N_{nt} \tag{4.21}$$

$$N_t = \theta[(R_{k,t} - R_t)\phi_t + R_t]N_{t-1} + \omega Q_t S_{t-1} \tag{4.22}$$

金融中介部门发放的金融债券是非金融产品生产部门从中获取贷款的媒介，而贷款会用于中间商品的生产。

4.2.3 生产部门利润最大化条件

1.中间产品生产部门

中间产品Y_t是由具有完全竞争性的非金融产品企业通过Cobb-Douglas常数规模报酬技术与资本和劳动生产的。t期末，企业发行股票S_t，发行量等同于企业所需资本数量，且出售价格为Q_t的债券，作为下一期生产资本。由套利条件可对资产进行以下描述：

$$Q_t K_{t+1} = Q_t S_t$$

其中，最大化资本生产部门的利润可以解出价格Q_t。

$$Y_t = A_t(U_t \xi_t K_t)^{\alpha} L_t^{1-\alpha} \tag{4.23}$$

$$\log A_t = \rho_A \log A_{t-1} + \sigma_A \varepsilon_{A,t} \tag{4.24}$$

$$\log \xi_t = (1-\rho_\xi)\log \xi_{ss} + \rho_\xi \log \xi_{t-1} + \sigma_\xi \varepsilon_{\xi,t} \tag{4.25}$$

由于劳动在各企业间的自由流动性以及资产的固定性，总产出Y_t用总劳动工时L_t和有效总资本K_t来表示。式（4.23）中，$\xi_t K_t$为资本有效数量；U_t为时变资本利用率；α为资本所占比重；ξ_t为资本质量冲击，即折旧率的扰动，ξ_t服从AR（1）的随机外生过程，且满足$\varepsilon_{\xi,t}$~i.i.d.N(0, 1)；A_t为总生产率，A_t为平稳的AR（1）过程，且满足$\varepsilon_{A,t}$~i.i.d.N(0, 1)。BGG模型中，非金融生产部门出售给零售企业价格为P_{mt}的中间产品，之后中间产品被加工成价格为P_t的最终产品。P_t/P_{mt}为中间产品的价格上涨率。另外，零售企业将在t+1期以价格$P_{m,t+1}$购买中间产品。企业利润可表示为：

$$\Upsilon_{t+1} = E_t\beta\Lambda_{t,t+1}\{P_{m,t+1}Y_{t+1} + [Q_{t+1} - \delta(U_{t+1})]\xi_{t+1}K_{t+1} - R_{k,t+1}Q_t K_{t+1} - W_{t+1}L_{t+1}\} \tag{4.26}$$

假设资本价格为Q_t，价格单位化被折旧资本替换，则剩余资产价值可由$[Q_{t+1} - \delta(U_{t+1})]\xi_{t+1}K_{t+1}$表示。折旧率有以下形式：

$$\delta(U_t)=\delta_{ss}+\frac{b}{1+\zeta}U_t^{1+\zeta} \tag{4.27}$$

式（4.27）中，ζ为效用成本的弹性，δ_{ss}由稳态决定。企业利润最大化的一阶条件决定了工资W_t、效率U_t和租金率R_{kt}，即：

$$\frac{\partial\Upsilon_t}{\partial L_t}=0\ :\ P_{m,t}(1-\alpha)\frac{Y_t}{L_t}=W_t \tag{4.28}$$

$$\frac{\partial\Upsilon_t}{\partial U_t}=0\ :\ P_{m,t}\alpha\frac{Y_t}{U_t}=\delta'(U_t)\xi_t K_t \tag{4.29}$$

$$\frac{\partial\Upsilon_{t+1}}{\partial K_{t+1}}=0\ :\ R_{kt+1}=\frac{P_{m,t+1}\alpha\frac{Y_{t+1}}{K_{t+1}}+(Q_{t+1}-\delta(U_{t+1}))\xi_{t+1}}{Q_t} \tag{4.30}$$

式（4.30）反映了金融冲击ξ_t和资本回报R_{kt}之间的联系，表明生产性资本质量的负面外生扰动会导致银行家净资产的减少和租赁成本的增加。

2.资产生产部门

在完全竞争市场的假定下，资本生产部门在t期末从中间产品部门收购价格为$\bar{Q}_t$的折旧资产，而新资产与翻新品以价格Q_t卖出。将投资支出用I_t来代表，资本积累可表示为：

$$K_{t+1}=[1-\delta(U_t)]\xi_t K_t+\Phi(\frac{I_t}{K_t})K_t \tag{4.31}$$

假设生产资本的边际调整成本是递增的，其函数形式由产出$\Phi(\frac{I}{K})K_t$和投资支出I_t来表示。其中，$\Phi(\cdot)$是凹函数和增函数，且$\Phi(0)=0$。因此，在调整成本函数被给出的情况下，每单位资本价格可表示为：

$$Q_t=[\Phi'(\frac{I_t}{K_t})]^{-1} \tag{4.32}$$

$$\Phi(\frac{I_t}{K_t})=[1-S(\frac{I_t}{I_{t-1}})]\frac{I_t}{K_t} \tag{4.33}$$

式（4.33）中，$S(\cdot)$为投资调整成本。企业成本函数可表示为：

$$S(\frac{I_t}{I_{t-1}})=\frac{\eta_i}{2}(\frac{I_t}{I_{t-1}}-1)^2 \tag{4.34}$$

式（4.34）中，$S'(\cdot)>0$，$S''(\cdot)>0$，$S(1)=S'(1)=0$。η_i为投资对资产价格弹性的倒数。资本积累的方程为：

$$K_{t+1}=\xi_t[1-\delta(U_t)]K_t+[1-S(\frac{I_t}{I_{t-1}})]I_t \tag{4.35}$$

t期资本生产企业的单位资本利润为：

$$\Psi_t = Q_t \Phi (\frac{I_t}{K_t}) - \frac{I_t}{K_t} - (\bar{Q}_t - Q_t) \tag{4.36}$$

企业最大化贴现收益为：

$$\max_{I_t} \{ E_t \sum_{i=t}^{\infty} \beta^i \Lambda_{t,i} [Q_i \Phi (\frac{I_i}{K_i}) K_i - I_i - (\bar{Q}_i - Q_i) K_i] \}$$

将式（4.33）代入上式，改写为：

$$\max_{I_t} \{ E_t \sum_{i=t}^{\infty} \beta^i \Lambda_{t,i} \{ Q_i [(1 - S (\frac{I_t}{I_{t-1}})) I_i] - I_i - (\bar{Q}_i - Q_i) K_i \} \} \tag{4.37}$$

则资本价格Q_t可通过最大化资本生产企业利润问题的求解而得出：

$$Q_t = \arg \max_{I_t} \{ E_t \sum_{i=t}^{\infty} \beta^i \Lambda_{t,i} \{ Q_i [(1 - S (\frac{I_t}{I_{t-1}})) I_t] - I_i - (\bar{Q}_i - Q_i) K_i \} \} \tag{4.38}$$

$$Q_t [1 - S (\frac{I_t}{I_{t-1}}) - S' (\frac{I_t}{I_{t-1}})^2] + \beta E_t \{ Q_{t+1} \Lambda_{t,t+1} S' (\frac{I_{t+1}}{I_t}) (\frac{I_{t+1}}{I_t})^2 \} = 1 \tag{4.39}$$

4.2.4 带有价格黏性的零售部门

参照Christiano（2005）的研究结论，本节的零售部门是具有名义黏性的标准RBC部门。该部门的企业具有完全竞争性，且在第t期内买入价格P_{mt}的中间产品。零售部门的产出为：

$$Y_t = Y_{mt} D_t \tag{4.40}$$

式（4.40）中，D_t为价格分布，由下式给出：

$$D_t = \gamma D_{t-1} \pi_{t-1}^{-\gamma_P \varepsilon} \pi_t^{\varepsilon} + (1 - \gamma) (\frac{1 - \gamma \pi_{t-1}^{-\gamma_P (1-\gamma)} \pi_t^{\gamma - 1}}{1 - \gamma})^{-\frac{\varepsilon}{1-\gamma}} \tag{4.41}$$

式（4.41）中，ε为替代弹性，γ为Calvo概率，使得价格保持固定的概率，γ_P为价格指数化参数。最优价格选择的递归方程为：

$$Y_t = Y_t P_{mt} + E_t [\beta \gamma \Lambda_{t,t+1} \frac{\pi_t^{-(\gamma_P \varepsilon)}}{\pi_{t+1}^{-\varepsilon}} F_{t+1}] \tag{4.42}$$

$$Z_t = Y_t + E_t [\beta \gamma \Lambda_{t,t+1} \frac{\pi_t^{\gamma_P (1-\varepsilon)}}{\pi_{t+1}^{(1-\varepsilon)}} Z_{t+1}] \tag{4.43}$$

$$\pi_t^* = \frac{1}{\tau_X} \frac{\varepsilon}{\varepsilon - 1} \frac{F_t}{Z_t} \pi_t \tag{4.44}$$

由此通胀的变动可表示为：

$$\pi_t^{1-\varepsilon} = \gamma \pi_{t-1}^{\gamma_P (1-\varepsilon)} + (1 - \gamma) \pi_t^{*(1-\varepsilon)} + p_t \tag{4.45}$$

$$\log p_t = \rho_p \log p_{t-1} + \sigma_p \varepsilon_{p,t} \tag{4.46}$$

式（4.45）中，p为通胀冲击，满足Markov过程，即$\varepsilon_{p,t} \sim i.i.d.N(0,1)$。

4.2.5 货币政策与总体约束条件

货币政策服从带有利率平滑的泰勒规则：

$$\left(\frac{i_t}{i}\right)=\left(\frac{i_{t-1}}{i}\right)^{\rho_\tau}\left[\left(\frac{\pi_t}{\pi^*}\right)^{\kappa_\pi}\left(\frac{Y_t}{Y_t^*}\right)^{\kappa_y}\right]^{(1-\rho_\tau)}e^{\sigma_i\varepsilon_{i,t}} \tag{4.47}$$

式（4.47）中，i为总名义利率的稳态，ρ_τ为利率平滑程度，且$0<\rho_\tau<1$。另外，产出缺口和通胀有稳态下偏离程度，对利率产生一定影响，κ_y和κ_π分别代表二者的控制变量。货币政策冲击的扰动服从马尔可夫链过程，即$\varepsilon_{i,t} \sim i.i.d.N(0,1)$。设$R_t$为真实利率，无风险利率和名义利率满足以下费雪方程：

$$i_t = R_{t+1}E_t\pi_{t+1} \tag{4.48}$$

因产出是由消费、投资、投资调整成本和政府支出构成的，且政府支出不变，则总体资源约束为：

$$Y_t = C_t + I_t + S\left(\frac{I_t}{I_{t-1}}\right)I_t + G \tag{4.49}$$

另外，模型中存在四个外生冲击，分别是资本质量冲击ε_ξ、要素生产力冲击ε_A、货币政策冲击ε_i和通胀冲击ε_p。上述全部公式中共有27个参数需要校准。

4.3 我国宏观经济DSGE模型参数估计

本节首先对所选取的产出、投资、利率和通胀相关数据进行说明和处理，然后参照已有研究，在MATLAB软件上利用Dynare对构建的DSGE模型进行参数校准和贝叶斯估计。

4.3.1 宏观经济数据的选取与说明

1.数据选取与预处理

统计数据可能会否定现实中宏观经济变量之间的某种确定性关系，即随机奇异问题，该问题会显著影响动态随机一般均衡模型的研究结果。因此，在进行贝叶斯估计时，观测变量个数与随机冲击个数至少要相等。此外，基于数据的可获取性和准确性，选取从1998年第1季度到2017年第4季度的产出、投资、利率和通胀相关数据进行相关分析。设定1998年为数据基期，每组数据中包含80个样本。本节中经济数据均来源于中经网统计数据库。

投资品与消费品价格呈现的趋势变动表明，消费者价格指数在处理投资和名义国内生产总值（GDP）数据方面可近似替代国内生产总值平减指数，且误差较小，对估计结果不会产生系统性影响。价格指数可由居民消费价格环比涨跌率计算而得，首先将1998年1月作为基期，本期价格指数由1加本期涨跌值并与上期值相乘得到，然后利用几何平均的处理方法将月度环比数据转换为季度定基比序列，从而得到价格指数月度数据。

产出选取国内生产总值的累计值作为指标。首先将可得的初始名义国内生产总值的累计值转化为当季值，然后利用消费价格指数将名义季度国内生产总值处理为实际季度国内生产总值。另外，利用X-12季节调整的方法剔除数据中的季节影响，最后将数据对数处理后通过HP滤波法去除实际季度国内生产总值数据的趋势性，以此获得所需的波动成分。

投资数据选择固定资产投资完成额。首先，将可获取的每季度最后一个累计月度数据作为所需的名义季度投资数据；然后，运用上述与国内生产总值数据相同的处理方法来获得所需实际季度投资的波动成分，即相对于稳态的对数偏离。

通胀率选择居民消费价格环比涨跌率作为指标，同样通过几何平均法将月度数据处理为季度数据。由于通胀率的稳态值等于1，因此通胀率相对于稳态的对数偏离可由样本数据加1取对数获得。

利率的指标为银行间7天同业拆借利率。这是因为我国的存贷款利率缺乏波动性，尚未完全市场化。为了增加数据的可靠性和准确性，本节将月度数据通过加权平均的方法转换为季度数据，而将季度内各月份的同业拆借交易量作为权重，最后利用HP滤波法来获取该数据所需的波动成分。

2.数据平稳性检验

本节对经过上述处理后的变量数据进行ADF单位根检验，以此来验证其平稳性，检验的结果见表4-2。从表4-2可以看出，处理后的四个变量均在10%的显著性水平下拒绝原假设，说明时间序列数据是平稳的，可用于DSGE模型参数的贝叶斯估计。

表4-2 ADF检验结果

变量	显著性水平	t统计量	p值
国内生产总值	10%	-3.152	0.027
投资	10%	-6.102	0.000
利率	10%	-2.732	0.073
通胀率	10%	-6.187	0.000

4.3.2 模型参数校准

鉴于观测变量的识别问题和样本值的局限性，本节对模型中的静态参数进行校准。需要校准的参数可分为三类：第一，外生冲击参数，如方差、均值、分布形式等，这些参数根据已有文献校准；第二，稳态参数，如利率、通胀率等，需要基于现实经济数据来校准；第三，结构参数，如退出概率、跨期贴现因子等，这些参数赋值都是基于前人的研究。本节所构建的模型系统中的参数有：α、β、h、λ、φ、χ、θ、γ、η_i、ζ、ρ_i、ε、γ_p、κ_π、κ_y、δ_{ss}、R_{ss}、π_{ss}、G_{ss}/Y_{ss}、R_k-R。在进行数值模拟前，需根据已有文献对这些静态参数进行校准，见表4-3。

具体而言，参考仝冰（2010）的研究，将资本份额α设为0.4。参照康立和龚六堂（2013）的研究，将贴现因子β设为0.99，则贴现因子的倒数无风险利率R的稳态值设为1.01，贴现率的稳态值δ_{ss}设为0.025，即年折旧率为10%。根据王庆石和肖俊喜（2005）的研究，将习惯性参数h设为0.7。参考Gertler和Karadi（2011）的研究，当市场出清时，为保证金融中介部门杠杆率ϕ的稳定水平，金融摩擦系数λ应设为0.38。根据康立和龚六堂等（2014）的研究，分别将劳动供给弹性φ和劳动对效用的影响参数χ赋值为0.276和3.4。参考Bernanke、Gertler和Gilchrist（1999）与Gerlter和Karadi（2011）的研究，将银行存活概率θ设为0.97，为与标准DSGE模型相符，零售部门的价格黏性γ设为0.75，投资对资本价格弹性的倒数η_i设为1.728，投资折旧相对于资本利用率

表4-3 **参数校准值**

符号	参数	赋值
α	资本在生产中所占份额	0.4
β	贴现因子	0.99
h	习惯性参数	0.7
λ	金融摩擦系数	0.38
φ	劳动供给弹性	0.276
χ	劳动对效用的影响参数	3.4
θ	银行存活概率	0.97
γ	零售部门的价格黏性	0.75
η_i	投资对资本价格弹性的倒数	1.728
ζ	投资折旧对资本利用率的弹性	7.2
ρ_i	利率规则货币政策自回归系数	0.8
ε	替代弹性	4.1
γ_P	价格指数化参数	0.24
κ_π	利率对通胀率的敏感系数	1.5
κ_y	利率对产出的敏感系数	0.3
δ_{ss}	贴现率的稳态值	0.025
R_{ss}	无风险利率的稳态值	1.01
π_{ss}	通胀率的稳态值	1
G_{ss}/Y_{ss}	政府支出占产出份额	0.2
R_k-R	外部融资溢价的稳态值	0.025

的弹性ζ赋值为7.2，替代弹性ε设为4.1，价格指数化参数γ_P设为0.24。参照Gertler和Karadi（2011）的研究，将利率规则货币政策自回归系数ρ_i设为0.8，利率对通胀率的敏感系数κ_π设为1.5，利率对产出的敏感系数κ_y设为0.3，政府支出占产出份额G_{ss}/Y_{ss}设为0.2。根据经验设定通胀率的稳态值π_{ss}为1。根据Sanjani（2014）的研究，将外部融资溢价的稳态值R_k-R设为0.025。此外，其他参数由以上参数推导而来。

4.3.3 模型参数的贝叶斯估计

贝叶斯方法通过大量先验赋值逐步模拟收敛到实际状态，可以保证结构参数的稳健性和准确性，并且允许模型冲击大于观测变量，其融合性和优越性更适用于DSGE模型框架，可以提供可靠的理论与实践基础。因此，本节将利用贝叶斯方法对模型进行参数估计。

1.参数先验分布的设定

本节预估参数对于模型动态具有很强的可控性，在进行贝叶斯估计之前，首先对参数的先验分布形式以及分布的均值和方差进行设定。参照Gertler和Karadi（2011）与康立和龚六堂等（2014）的研究，设定预估参数的先验分布、均值与方差见表4-4，外生冲击的先验分布、均值与方差见表4-5，参数的具体先验分布如图4-1所示，图中纵轴为相应概率密度，横轴为先验分布。

表4-4 **预估参数的先验分布、均值与方差**

参数	先验分布	均值	方差	估计名称
ρ_i	Normal	0.5	0.05	rhoi
κ_π	Gamma	1.5	0.1	kappa_pi
κ_y	Gamma	0.3	0.1	kappa_mc
θ	Beta	0.7	0.05	theta
γ	Beta	0.5	0.1	gamma
γ_p	Beta	0.5	0.1	gammap
λ	Beta	0.3	0.1	divert
h	Beta	0.7	0.05	h
ζ	Gamma	7.2	0.05	zeta
η_i	Gamma	1.7	0.125	etai

表4-5 **外生冲击的先验分布、均值与方差**

参数	先验分布	均值	方差	估计名称
ρ_p	Beta	0.5	0.1	rhop
ρ_ξ	Beta	0.5	0.1	rhoeps
ρ_A	Beta	0.5	0.1	rhoa
σ_p	Inv Gamma	0.1	1	SE_e_p
σ_ξ	Inv Gamma	0.1	1	SE_e_epsilon
σ_A	Inv Gamma	0.1	1	SE_e_a
σ_i	Inv Gamma	0.1	1	SE_e_rn

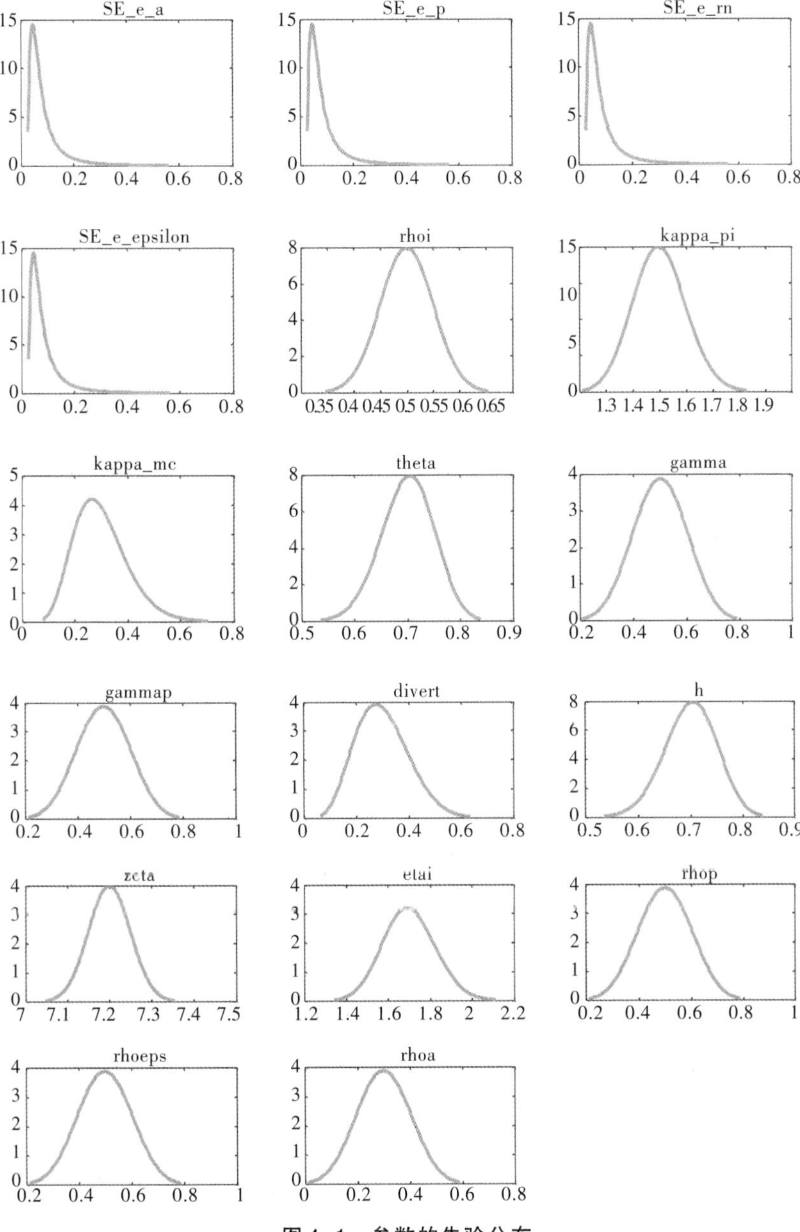

图 4-1 参数的先验分布

2.贝叶斯估计结果

给定参数先验分布后，贝叶斯方法将先验分布与似然函数相结合，以此得到估计值后验核分布的阈值区间。具体而言，设定目标函数为

A，T期的样本值为Y^T，模型的参数矩阵为θ_A，则似然函数表示为：

$$L(\theta_A|Y^T, A) = p(Y^T|\theta_A, A)$$

将其迭代后可得：

$$p(Y^T|\theta_A, A) = p(y_0|\theta_A, A)\prod_{t=1}^{T} p(y_t|Y^{T-1}, \theta_A, A)$$

则参数估计的后验分布为：

$$p(\theta_A|Y^T, A) = \frac{p(Y^T|\theta_A, A)p(\theta_A|A)}{p(Y^T|A)} \propto p(Y^T|\theta_A, A)p(\theta_A|A) \equiv K(\theta_A|y^T, A)$$

其中，$p(Y^T|A)$为样本的边缘分布，$K(\theta_A|y^T, A)$为后验核分布。另外，模型的后验核分布与后验分布为同向分布，原因是边缘密度通常为常数。

前人的研究是先验分布的基础，而贝叶斯方法主要基于马尔可夫链蒙特卡洛模拟（MCMC）的计量方法来估计后验分布。其过程是通过建立的后验分布$p(\theta_A|Y^T, A)$的马尔可夫链将新数据模拟出来，产生的新数据的频数会渐渐趋近$p(\theta_A|Y^T, A)$。Metropolis-Hasting（MH）方法适用于计算马尔可夫链的模拟过程。该方法将θ_i假设成一个有意义的均值θ_i^*后代入模拟，以此检验分布密度上升与否，令$R = p(\theta_i^*|Y^T)/p(\theta_{i-1}|Y^T)$，选取均匀分布$U(0, 1)$中的一个数字$\mu_i$，若$\mu_i > R$，则$\theta_i = \theta_{i-1}$，而若$\mu_i \leq R$，则样本合格，且$\theta_i = \theta_i^*$，新的模拟值被接受的概率变为$\min[1, p(\theta_i^*|Y^T)/p(\theta_{i-1}|Y^T)]$。虽然后验分布较密集的区间是马尔可夫链蒙特卡洛模拟所倾向的，但为了避免错误地进入局部最大化，在一定程度上该模拟也会探索密度低的区间。最后，贝叶斯估计的分布、均值和方差等都会在模拟进行多次迭代后获得（本节迭代次数为20 000次）。

模型贝叶斯估计值及其分布列于下文。多变量诊断结果如图4-2所示，可以观察到两条马尔可夫链随着迭代次数的递增而逐渐趋近，且波动性逐渐减小，说明该模拟过程具有稳健性。图4-3显示了贝叶斯估计的先验分布和后验分布，图中黑色曲线代表后验概率密度函数，灰色曲线代表先验分布，竖直虚线为后验众数。表4-6给出了参数的贝叶斯估计结果。

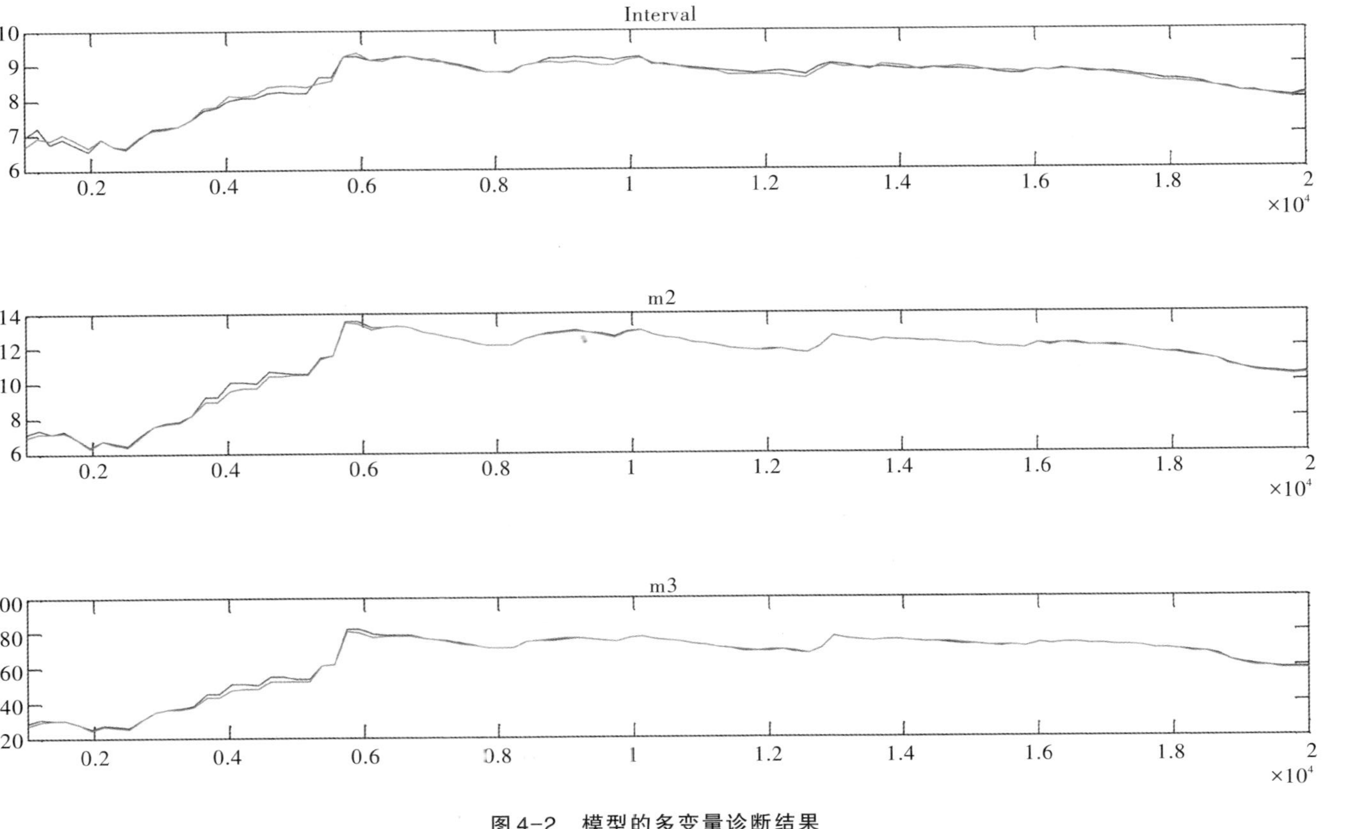

图 4-2 模型的多变量诊断结果

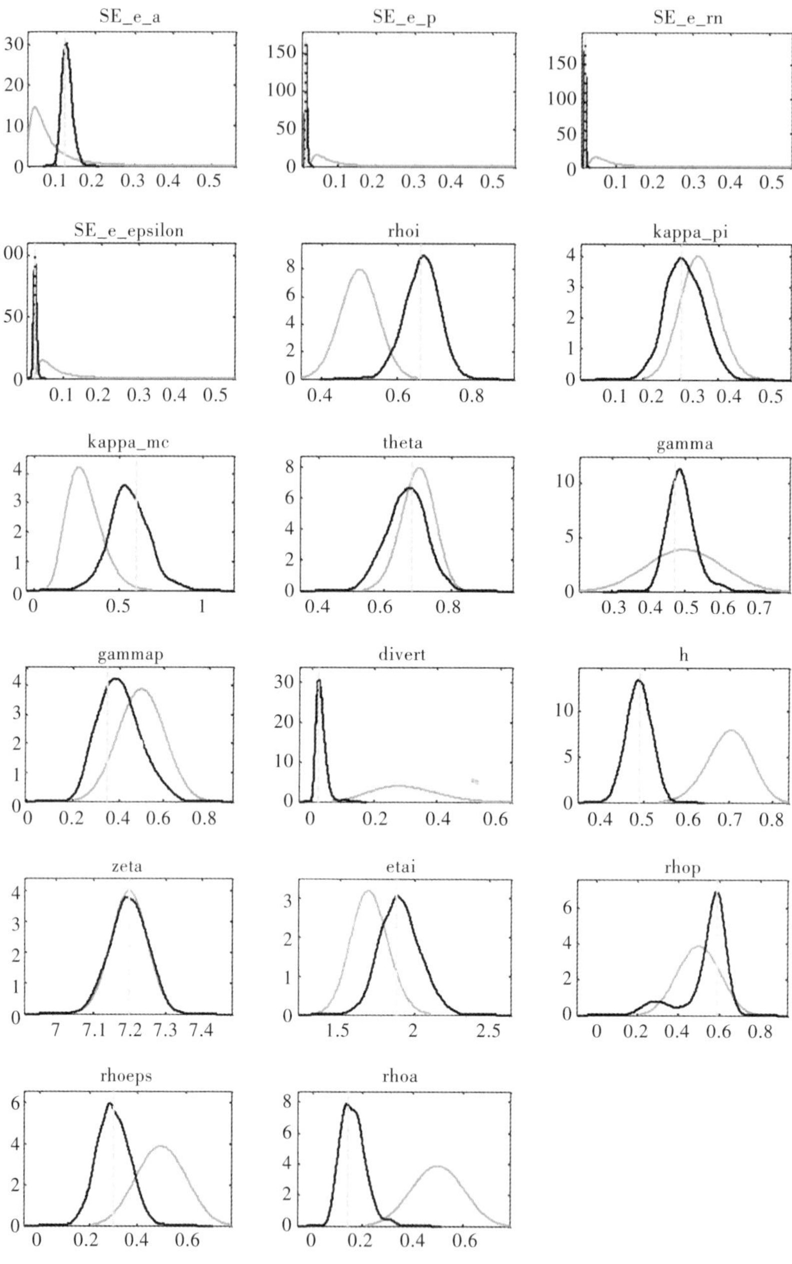

图4-3 先验分布图与后验分布图

表4-6　　**贝叶斯估计结果**

参数	先验分布	后验众数	后验均值	90%置信区间
ρ_i	N(0.5,0.05)	0.6616	0.6654	[0.5946，0.7381]
κ_π	Γ(1.5,0.1)	1.4055	1.4159	[1.2600，1.5938]
κ_y	Γ(0.3,0.1)	0.6035	0.5510	[0.3904，0.7401]
θ	B(0.7,0.05)	0.6812	0.6705	[0.5797，0.7628]
γ	B(0.5,0.1)	0.4750	0.4933	[0.4376，0.5522]
γ_p	B(0.5,0.1)	0.3498	0.4054	[0.2696，0.5332]
λ	B(0.3,0.1)	0.0237	0.0297	[0.0092，0.0499]
h	B(0.7,0.05)	0.4887	0.4880	[0.4408，0.5383]
ζ	Γ(7.2,0.05)	7.1986	7.1994	[7.1184，7.2821]
η_i	Γ(1.7,0.125)	1.8809	1.8976	[1.6799，2.1279]
ρ_p	B(0.5,0.1)	0.5856	0.5512	[0.3681，0.6850]
ρ_ξ	B(0.5,0.1)	0.2985	0.3066	[0.2057，0.4166]
ρ_A	B(0.5,0.1)	0.1418	0.1646	[0.0923，0.2357]
σ_A	Γ^{-1}(0.1,1)	0.1231	0.1286	[0.1067，0.1490]
σ_p	Γ^{-1}(0.1,1)	0.0161	0.0177	[0.0139，0.0215]
σ_i	Γ^{-1}(0.1,1)	0.0162	0.0169	[0.0136，0.0203]
σ_ξ	Γ^{-1}(0.1,1)	0.0252	0.0259	[0.0191，0.0324]

注：$N(\mu,\sigma)$、$B(\mu,\sigma)$、$\Gamma(\mu,\sigma)$和$\Gamma^{-1}(\mu,\sigma)$分别代表均值为μ与标准差为σ的正态分布、Beta分布，Gamma分布和逆Gamma分布。

分析图4-2、图4-3和表4-6可以得出以下结论：

（1）图4-2中两条曲线逐渐趋近重合，意味着估计结果是稳健的。此外，贝叶斯估计的后验结果处于置信区间，且估计值显著不为零。部分参数的先验分布与后验分布位置接近，概率密度呈递增趋势，意味着参数的先验分布的设定较理想。另外，部分参数的先验分布与后验分布有所偏离，且先验分布的概率密度小于后验分布，这是后验分布受到数据本身显著影响的结果，数据提供了有效信息来校正先验分布，从而参数的可靠性被提升，为后续的研究奠定基础。

（2）具体来分析泰勒规则中各参数的估计结果：利率对通胀缺口的敏感系数的估计值为1.4159，其分布相对于先验分布向左移动，这说明通胀波动会使得利率政策产生灵敏反应。利率对产出缺口的敏感系数的均值为0.5510，其分布向右移动，这说明利率政策对通胀的敏感度高于其对产出波动的敏感度。货币政策中的利率平滑系数ρ_i的估计值为0.6654，其分布向右移动，这说明货币政策并不稳定且黏性很小。

（3）关于家庭部门的参数估计分析结论为：效用函数中当期效用会受上一期影响而显著降低，且习惯性参数h的估计值为0.4880，该结果表明我国家庭消费具有显著的习惯依赖性。

（4）关于零售部门的参数估计分析结论为：价格固定概率γ的估计值为0.4933，位置固定不变，但其概率密度显著大于先验分布，该结果表明我国零售部门价格变动受市场因素影响，价格黏性不明显。价格指数化参数γ_p的估计值为0.4054，其分布向左移动，该结果表明之后方程中的通胀率所占权重为0.5946。

（5）关于资本生产部门参数的结论为：投资对资本价格弹性的倒数η_i的估计值为1.8976，其后验分布右移，这反映出资本价格变动可使得投资产生敏感反应。

（6）通过金融中介部门的参数估计结果可以看出：金融摩擦系数λ的估计值为0.0297，位置相对于先验分布左移且概率密度明显变大。在金融中介部门中，金融摩擦系数λ与净资产杠杆率呈现反比关系，这将导致该部门所受到的外生冲击被放大，从而对其他部门产生影响。银行存活概率θ的估计值为0.6705，位置相对于先验分布基本不变。政府对金融市场的管理力度随着市场化改革的推进而逐渐变小，2015年银行存款保险制度的实施就开始体现了体制改革的效果。投资折旧对资本利用率的弹性ζ的估计值为7.1994，与先验分布重合，验证了先验分布的合理性。

（7）从外生冲击的结果来看：外生冲击的持续性由一阶自回归系数来衡量。通胀冲击与货币政策冲击具有较强的持续性，其估计值均大于0.5，分别为0.5512和0.6654。资本质量冲击与技术冲击的系数分别为0.3066和0.1646，说明二者具有显著的短期效果。另外，技术冲击的估计值为0.1286，与真实变量存在误差。货币政策、资本质量与通胀冲击的分布曲线相对于先验分布向左移动，且概率密度显著增大，其后验分布均在0.01左右收敛，该结果表明数据能够提供充分信息来校正先验分布。

外生冲击的波动趋势如图4-4所示。从图4-4中可以看出，货币政策冲击的波动较弱，而技术冲击、资本质量冲击和通胀冲击有相对较大的波动。当外生冲击存在时，经济周期波动不仅受到其自身波动性的影响，宏观经济模型的传导机制也对其产生显著效应。综上所述，在模型参数模拟的过程中，两条马尔可夫链随着迭代次数的递增而逐渐趋近，估计结果均在置信区间内，且大部分参数的后验分布估计结果与设定的先验分布相似，这说明估计结果稳健，模型的拟合效果较好。另外，部分参数的先验曲线和后验曲线几乎重合，验证了模型参数先验信息的稳定性和准确性，而不完全重合的结果表明，数据对先验分布进行了有效的调整和校正。可靠的结构参数为后续的动态分析提供了稳健基础。

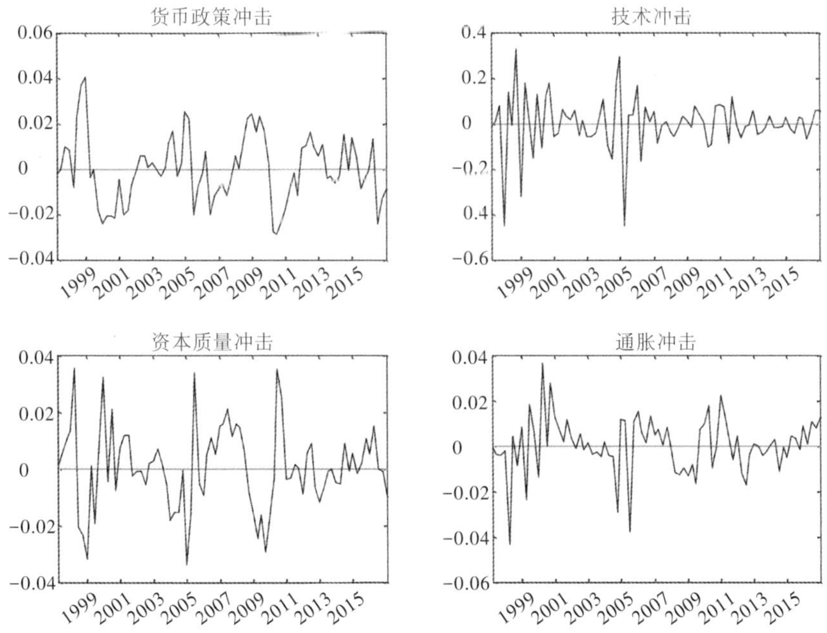

图4-4 外生冲击波动图

4.4 金融摩擦对我国宏观经济影响的动态分析

本节将基于上文估计的含有金融摩擦要素的DSGE模型进行动态计量分析，研究在金融摩擦下货币政策冲击、技术冲击、资本质量冲击和通胀冲击对宏观经济内生变量的影响。首先对经济波动的金融摩擦因素进行脉冲响应分析，然后通过方差分解来分析各冲击对主要经济变量波动的解释能力。

4.4.1 金融摩擦下我国经济波动的脉冲响应分析

脉冲响应函数能够全面反映受到外生冲击后内生变量的动态响应。图4-5至图4-8给出了产出、投资、利率和通胀分别受到一单位正向外生冲击的脉冲响应图。其中，纵轴为内生变量相对于稳态的偏离，横轴为持续时期。

从图4-5可以观察到，正向的货币政策冲击对产出、投资和通胀产生显著的逐渐减弱的负向影响，并在5个季度后趋稳，而利率波动受到冲击后迅速发生正向偏离，也在5个季度后逐渐收敛。当金融摩擦系数较小时，对于冲击的初始响应更强烈，波动最大值也会提高。在正向的利率冲击（即紧缩性货币政策）下，各经济变量产生上述响应的原因在于利率的上升增加了企业融资成本，致使投资需求减少，削弱了投资水平，企业生产资本随之减少，从而导致产出水平的降低。另外，紧缩性货币政策会降低货币市场的供求水平，从而引发通胀率的下降。宏观经济各主要变量对货币政策冲击的响应速度较快，且逆周期性明显，这意味着货币政策在短期内可以对我国经济波动进行有效调控。

从图4-6可以观察到，一单位的正向瞬时技术冲击对产出和投资具有先增大后减弱的正向影响，二者的正向偏离在第2季度达到最大，随后呈现反转态势并在10个季度后逐渐向稳态收敛。而受到冲击后利率和通胀产生先负后正的偏离，之后在6个季度后逐渐向稳态收敛。其中，通胀波动受技术冲击的影响程度较大。综上可知，技术变革对宏观经济产生显著的长期推进作用，对抑制通胀有显著效果，且短期效应较为突出。另外，图4-6中也显示出，当金融摩擦系数减小时，各经济变量对冲击的初始响应更加强烈，尤为显著的是波动最大值的提高。这种放大效应来源于银行的资产负债表渠道产生的正向反馈。金融中介机构资产杠杆率会随着金融摩擦系数的减小而提高，此时银行的放贷能力得以提升，从而会对冲击产生放大作用。

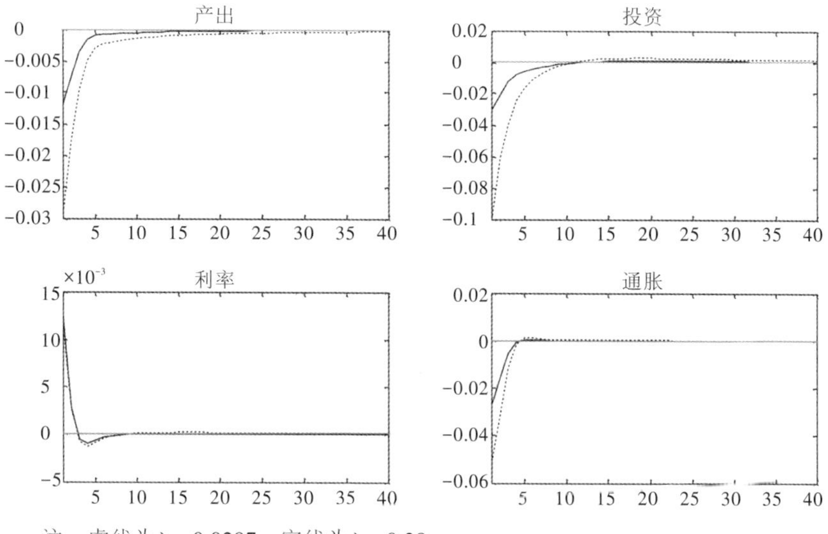

注：虚线为λ = 0.0297，实线为λ = 0.38

图4-5　货币政策冲击的脉冲响应图

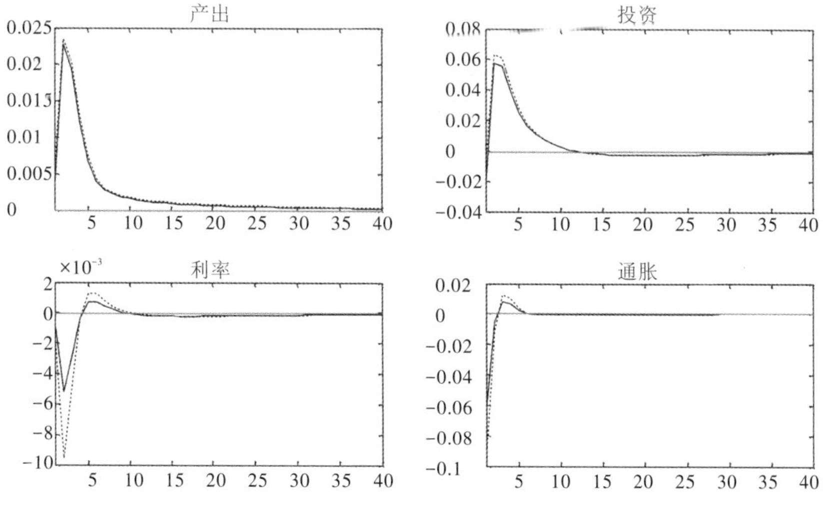

产出
投资
利率
通胀

注：虚线为λ = 0.0297，实线为λ = 0.38

图4-6　技术冲击的脉冲响应图

从图4-7可以观察到，产出受到资本质量冲击后会迅速作出正向反应，而后约在6个季度后开始向稳态收敛，利率与其相反，发生显著负向偏离后趋于稳态，而资本质量冲击在短期内对投资和通胀存在正向影响，但在长期会产生抑制作用。此外，图4-7中也显示出，当金融摩擦系数较小时，各经济变量对冲击的初始响应更强烈，波动最大值也会提高。该结果意味着资本质量冲击具有较长的滞后特征，对各经济变量影响的持续性较强，银行等金融中介部门债务减持的时期延长是导致该长期性的主要原因。

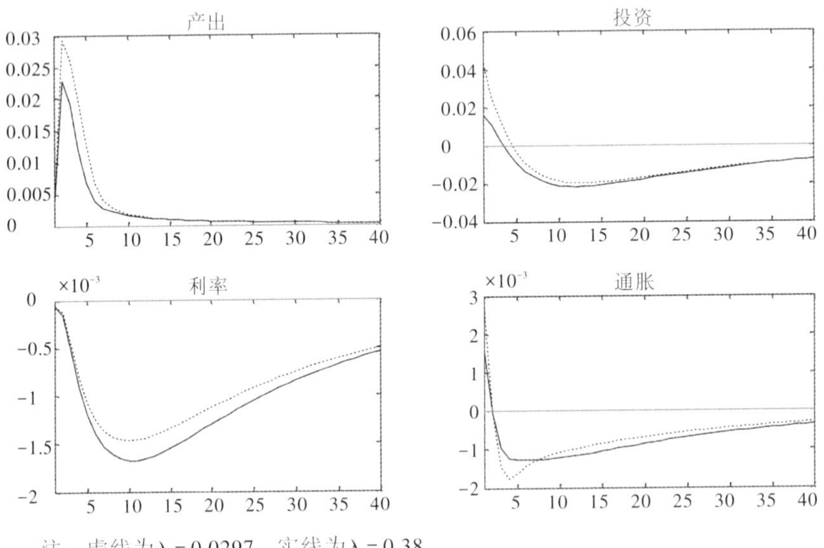

注：虚线为λ = 0.0297，实线为λ = 0.38

图4-7 资本质量冲击的脉冲响应图

从图4-8可以观察到，一单位正向通胀冲击对产出、投资和利率均产生显著的抑制作用，并且在10个季度后逐渐向稳态收敛，而利率波动发生先正后负的偏离，之后在10个季度后趋稳。另外，图4-8中显示出当金融摩擦系数减小时，脉冲响应函数的初始偏离增大，尤为显著的是波动最大值的提高。这是由于通胀的上涨会降低居民的可支配收入，使得总需求减少，从而导致产出和投资水平下降。当通胀产生后，央行可以通过调整名义利率来有效抑制通胀冲击，如将基准利率提高。

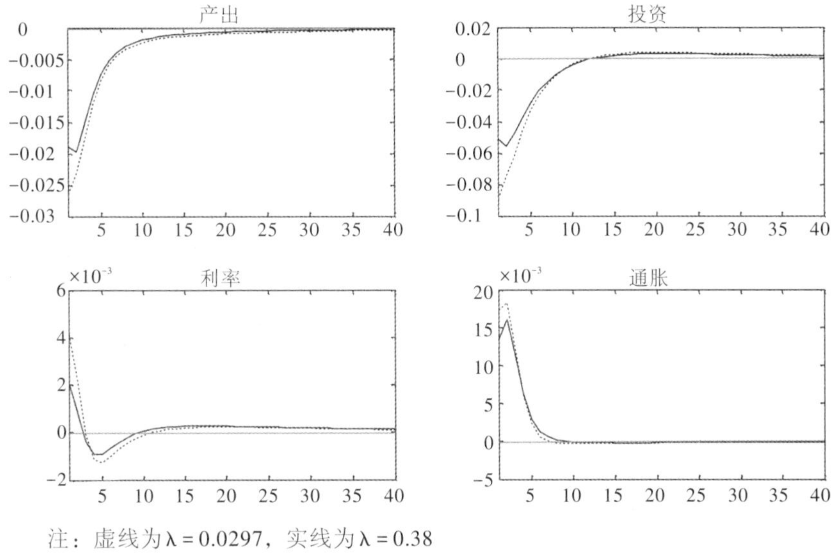

注：虚线为λ = 0.0297，实线为λ = 0.38

图4-8　通胀冲击的脉冲响应图

4.4.2　金融摩擦下我国经济波动的方差分解分析

由于脉冲响应分析只能单独研究一种冲击对内生变量的影响，而不能直观地获得不同外生冲击对我国经济波动的贡献率，因此本节运用方差分解分析的方法来探寻经济周期波动中金融冲击因素的主要贡献者。此部分方差分解是基于贝叶斯估计的模拟结果进行的，能够进一步检验估计参数的可信度。为研究不同金融摩擦系数下经济波动受到的影响，本节分别对λ = 0.38（Gertler和Karadi，2011）和λ = 0.0297（前文贝叶斯估计结果）两种设定下的产出、投资、利率和通胀进行方差分解，结果见表4-7。

表4-7　**各内生变量的方差分解结果**

内生变量	摩擦系数	货币政策冲击	技术冲击	资本质量冲击	通胀冲击
产出	0.0297	5.84	32.55	25.01	36.60
	0.38	8.19	39.20	20.58	32.03
投资	0.0297	1.40	13.25	72.76	12.59
	0.38	3.94	22.10	56.73	17.22
利率	0.0297	41.94	34.81	16.29	6.96
	0.38	40.12	43.79	12.36	3.73
通胀	0.0297	9.58	83.72	0.35	6.36
	0.38	11.58	82.82	0.36	5.24

注：表格内数字为内生变量波动中各个外生冲击的贡献度。

通过表4-7可以观察到，通胀冲击、技术冲击和资本质量冲击对产出波动的贡献率较大，三者可以解释其90%以上的波动，而贡献率最小的是货币政策冲击，不足10%。产出波动受到货币政策冲击微弱影响的原因在于货币在长期具有中性特征。在不同参数值下对比产出波动的方差分解结果可知，金融中介机构资产杠杆率会随着金融摩擦系数的减小而提高，从而对金融中介部门的冲击产生放大作用并向其他部门传导，该结果是“金融加速器”理论的体现。其中，技术冲击的贡献率下降了6.65%，这意味着当金融摩擦系数减小时该冲击对产出波动的影响效应变弱。而资本质量冲击的贡献率有所提升，从20.58%增加到25.01%，但其对产出波动的解释能力低于Sanjani（2014）关于美国经济的方差分解结果，出现该差异的主要原因是我国金融市场的市场化程度尚低于发达经济体，虽然市场化进程成效显著，但受限于政府管制，仍然与已经发展了上百年的美国资本市场存在差距，可见金融冲击影响实体经济尚存在一定的限制性。

对于投资波动，资本质量冲击是最主要的驱动因素，贡献率达到50%以上，而技术冲击、通胀冲击和货币政策冲击对其波动影响较弱，在$\lambda=0.0297$的摩擦系数下，货币政策冲击仅能解释1.40%的投资波动，而通胀冲击和技术冲击的贡献率分别为12.59%和13.25%，说明这三个冲击对投资波动的长期影响微弱，其短期效应需要通过脉冲响应分析来观测。另外，金融摩擦系数的减小会引起资本质量冲击贡献率的提升（16.03%），结果显示银行杠杆率会因为金融摩擦系数的下降而上升，增加了银行可贷资本，市场中的信贷总量也得到了提高，从而提升了投资水平。另外，除去折旧资本的净投资也会受到资本质量冲击的影响，最终总体投资水平也会因此而变动。

对于利率波动，最重要的驱动因素是自身变化，其本身变化可以解释长期利率波动的41.94%，其次技术冲击也会使得利率产生较大波动，其贡献率为34.81%。这主要是因为带有利率平滑的泰勒规则函数存在于模型中，使得自身变动的影响更加强烈。另外，货币政策冲击贡献率在不同金融摩擦系数下只存在细微变动，资本质量冲击的贡献率随着摩擦系数减小由12.36%上升到16.29%，而技术冲击的贡献率随之下降，这意味着资本质量冲击是金融摩擦变动对利率波动产生影响的主要渠道。

对通胀来说，技术冲击对其影响最强烈，可以解释80%以上的波动。技术冲击是政府无法掌控的，但是却对通胀波动作用最大，这主要是因为我国仍处于政府直接对市场进行调控的阶段，并未完全过渡到完全竞争市场状态，而技术引进定价机制将直接影响整体的通胀水平。此外，不同金融摩擦系数不会改变通胀波动的方差分解结果，这表明通胀波动的最重要来源仍然是技术冲击。

综上所述，宏观经济主要变量的波动均受到技术冲击的显著影响，这符合传统经济周期波动理论的观点。由于泰勒规则的使用，利率自身变动是其长期波动的主要驱动因素。而产出波动受到通胀冲击的作用较显著，由此需要重点研究价格因素的波动性，并进一步关注其对产出波动的影响效应。此外，资本质量冲击，即金融冲击，会显著影响产出、利率和投资，而且金融冲击贡献率会随着金融摩擦系数的减小而上升。虽然目前资本质量冲击仅能解释产出大约25%的波动，但我国逐步开放的市场会引起金融市场结构的不断调整，相关的结构参数也随之变化。美国市场的开放程度较高，参考相关文献可以预见，未来我国宏观经济波动受到金融冲击的影响将会日趋增强。

4.5 本章小结

为了研究引起我国经济波动的金融冲击因素，本章构建加入金融摩擦的新凯恩斯DSGE模型，具体研究货币政策冲击、技术冲击、资本质量冲击和通胀冲击对产出、投资、利率和通胀的影响。首先，本章对经济周期波动与金融摩擦的相关文献进行了回顾和梳理；其次，借鉴Gertler和Karadi（2011）的研究成果构建含有金融中介部门的DSGE模型并在其中引入金融摩擦，对各部门的微观行为进行设定；然后，根据已有文献和相关宏观经济数据来进行模型参数的校准和贝叶斯估计，所采用的是我国的国内生产总值、利率、投资和通胀率的相关数据；最后，从实证角度对已构建模型进行脉冲响应分析，在不同金融摩擦系数下，对比经济变量在受到单位外生冲击时的偏离稳态趋势，并利用方差分解来识别金融摩擦下我国经济周期波动的主要来源。基于相关的实证结果主要得到以下结论：

第一，在金融中介部门的DSGE模型中引入金融摩擦与当前我国经济状况具有一致性。另外，大部分结构参数贝叶斯估计结果处于90%的置信区间内，只有部分冲击参数结果不显著，并且数据可以对先验信息进行有效校正，从而获得可靠后验分布，这表明参数估计结果是有效的，避免了卢卡斯批判，为后续的脉冲响应和方差分解分析提供了稳健基础。

第二，由参数估计结果可知，我国金融摩擦系数较小，仅为0.0297。而金融摩擦系数与金融中介机构的资产杠杆率呈现反比例关系，这意味着摩擦系数较低时，金融市场具有更强的传导与放大冲击的作用，即“金融加速器”效应存在于我国金融市场中。后文的脉冲响应分析与方差分解分析也验证了“金融加速器”效应的影响。

第三，由脉冲响应分析的结果可知，当金融摩擦系数较小时，各变量对冲击的初始响应更强烈，波动最大值也会提高，这与参数估计结果相符。另外，资本质量冲击，即金融冲击，存在明显的滞后性，经济变量以缓慢的速度向稳态收敛，说明当金融摩擦存在时，银行资产负债表是金融冲击传导至其他部门的主要渠道，经济会长期受到金融冲击的影响。而货币政策冲击对各经济变量的短期效应突出，其显著的反周期性和可调控性体现了短期内货币政策工具熨平经济波动的有效性。

第四，由方差分解分析的结果可知，通胀冲击、资本质量冲击和技术冲击都是影响产出波动的核心因素，并且资本质量冲击的贡献率随着金融摩擦系数的减小而上升，这意味着在存在金融摩擦的情况下，金融市场冲击对经济波动的影响能力会被扩大，但技术冲击有所降低。

综上所述，尽管现阶段在金融摩擦下金融冲击对我国经济波动的解释能力不强，但是随着供给侧结构性改革的推进和“十三五”时期的到来，逐步开放的市场会引起金融市场结构的不断调整，未来金融摩擦的传导与放大效应会使得金融冲击对宏观经济波动产生更重要的影响。首先，政府在制定相关政策以平稳经济波动时，应充分考虑“金融加速器”效应与金融摩擦状况。我国当前的金融市场制度和体系尚不完善，政府应当充分发挥货币政策对这种放大效应的抑制作用。其次，政府应当对其他与金融摩擦有关的结构参数的变动予以关注和重视，从而实现对市场变动的事前调整。最后，根据对理论模型的相关分析可知，信息不对称所导致的成本上升是金融摩擦的来源，因此有必要对征信体系进行完善和强化，并且制定相应法律以降低此类成本。

第5章　利率与货币供给对经济周期的时变调控效应研究

随着中国金融开放程度的提高和金融市场的改革，经济周期的波动性日益明显，各种衰退式泡沫频繁出现，实体经济受金融摩擦的影响逐渐突出，这表明当前阶段需要有效的货币政策来指导我国结构性调整。随着利率市场化和金融创新的推进，传统货币政策的执行效果大打折扣，其实施工具和操作手段的效力被削弱，因此需要创新政策工具和调控思路，货币政策框架转型刻不容缓。本章为印证我国货币政策转型的必要性，构建TVP-VAR模型对价格型与数量型货币政策工具的有效性进行实时对比。首先，选取国内生产总值同比增长率来代表经济增长水平，选用7天期同业拆借利率作为价格型货币政策工具的代表变量，选取M2同比增速作为数量型货币政策工具的代表变量。然后，建立TVP-VAR模型并基于此进行时点脉冲响应分析，来比较价格型与数量型货币政策在经济周期不同阶段的调控效应。结果表明：两种货币政策工具均对经济周期波动产生有效的熨平作用，价格型货币政策工具有更为直接的调控效果，但其持续时间较短且作用力度较小，因此价格型货币政策工具对名义利率的预调和微调，是现阶段货币当局更为倾向的调控方式；而数量型货币政策工具虽然对经济周期有更强的系统性影响，但较慢的收敛速度意味着货币当局应谨慎地运用总量调控政策。传统的数量型货币政策工具调控经济较为复杂，不再满足当前社会的实际发展需要，亟须转型。我们应当借鉴货币政策转型的国际经验，基于我国经济发展的具体情况，全面掌握货币政策转型理论，以明确转型的目标、框架、具体实施规则和政策中介目标，从而实现货币政策对宏观经济的有效调控，促进经济稳定发展。

5.1 货币政策调控体系转型研究综述

自1998年起，我国货币政策调控逐步由直接调控向间接调控转变。2012年，《金融业发展与改革“十二五”规划》明确要求：“完善市场化的间接调控机制，逐步增强利率、汇率等价格杠杆的作用，推进货币政策从以数量型调控为主向以价格型调控为主转型。”这反映了未来货币政策的调控框架和方向。事实上，在金融创新日新月异的今天，经济金融结构已经产生了巨大的变迁，而数量型货币政策以货币供应量的调控为核心，其对实体经济的调节效果正在逐渐弱化。由于融资需求和货币供求的交互作用会使得数量关系体现在资金的价格（利率）上，因此数量型货币政策最终实现向价格型货币政策转型的趋势是必然现象。这一点体现于全球多数国家的货币政策实践经验，也体现在我国“新常态”时期金融市场化程度和产业结构调整加深的特征中。

5.1.1 货币政策转型的国际经验

1936年，凯恩斯的《就业、利息和货币通论》奠定了货币政策理论体系的基础，而世界货币政策理论的发展历程主要经历了三个阶段：第一阶段是20世纪50年代至70年代中期，这一阶段以利率为中介目标，凯恩斯主义“相机抉择”是该阶段的主导思想。之后利率传导渠道被Fleming（1962）、Mundell（1963）和Tobin（1969）等进一步丰富和发展，其研究指出利率会对消费、投资和净出口产生影响，继而传导至总需求。为恢复战后经济，主要经济体施行低利率刺激政策。在可控性上，央行通过“再贷款再贴现、公开市场操作、存款准备金率”三大法宝对市场利率进行调控。在可测性上，政府通过强有力的利率管制对市场利率水平及结构进行精准掌控。在相关性上，凯恩斯主义认为调节利率可对投资产生显著影响，进而改变宏观经济变量。第二阶段是20世纪70年代中期至90年代初期，这一阶段以货币供给量为中介目标，主要发达国家经济的“滞胀”使得弗里德曼货币主义替代了凯恩斯学说的地位。M.Friedman（1959）的观点是“相机抉择”的反周期政策本身就是造成经济不稳定的因素，不能起到稳定作用。货币主义奉行单一规则，即与名义经济增长率相一致的固定货币增长率的定期宣布可以对熨平经济波动产生作用。第三阶段是20世纪90年代初期至今，这一阶段利率重新作为中介目标，泰勒规则是其理论基础。这期间McCandless和Wever（1995）对不同口径下110个国家跨时30年的产出增长率与通胀率、货币增长率之间的关联进行了研究，认为实际产出增长率与货币增长率之间没有相关关系，而大多数经济学家也都认同货币的长期效应主要体现在价格上。伴随着金融创新产品不断涌现和全球主要发达国家利率市场化的完成，货币层次逐渐难以划分，由于产出、物价等经济变量逐渐消失与货币供给量之间的稳定关系，发达国家的货币政策调控方式向价格型（利率）转变，实施通胀目标制。

从国际经验来看，西方主要市场经济国家在20世纪90年代以后，为实现有效调控宏观经济的目的，多国均经历了货币政策调控框架和中间目标的调整过程。

自1980年以来，美国将保持物价稳定作为美联储的货币政策目标，而现阶段的目标为促进经济的可持续增长和维持物价稳定，且在政策执行时对物价稳定更为侧重。1970—1979年，利率是美联储货币政策调控的目标中介，在1979年之后，其货币政策的主要方式是货币供应量调控，货币政策调控的重要手段由联邦基金利率替换为非拆入准备金。这期间学者们坚持认为通胀可以被数量型货币政策抑制，如McCallum（1984）就指出美联储以基础货币供应量为调控目标的政策规则与经济情况相符。而1987年，美联储将关注的重点落在联邦基金利率目标水平，自此美联储的公开市场操作将联邦基金利率的目标水平作为其短期目标。之后学者们的大量研究也都对利率政策规则的有效性作出了肯定，如Woodford（2004）论证了泰勒规则作为最优货币政策规则的合理性。

英国也经历了较长时间的货币政策转型过程。通过利率协定的形式，英国银行业一直维持中央银行利率与市场利率的稳定关系。20世纪60年代末，英国面临国际资本市场发展带来的压力，高通胀也影响了货币当局控制利率的能力。内外双重作用促使20世纪70年代的利率市场化改革彻底完成。1992年，新的货币政策开始实行，货币政策最终目标是价格水平。1997年，英格兰银行在获得独立负责利率政策制定的权力后，完全放弃将货币供应量作为中介目标，转而以3个月银行拆借利率、3个月国债利率、隔夜拆借利率等为操作目标，达到控制通胀的目的。至此，英国基本完成货币政策调控框架的转型。

除了美国、英国等发达经济体外，新兴市场经济体如印度、墨西哥、马来西亚等国家也先后完成了货币政策转型，建立起了以利率为中介目标的货币政策调控体系。全球主要经济体不断探索和调整的货币政策转型的实践经验也印证了货币数量目标的吸引力在不断减小，而利率逐渐成为更有效的调控工具，价格型货币政策工具被广泛采纳。

5.1.2 货币政策转型的中国特征

国际货币政策转型的经验反映出不同时期每个国家的货币政策都与国家民生相符，当货币政策不适应国家经济发展时，政府需要全面掌握当时的经济走向、具体经济特征等问题来出台新的政策。近年来，我国经济发展形势的变化明显，不断提高的经济发展水平和逐渐完善的市场经济体制促进了货币政策的改革，央行对基础货币的精准控制在金融创新下变得难以实现，数量型货币政策的有效性显著降低，以准备金和汇票为基础货币的传统货币政策无法满足当前社会的实际发展需要，亟须转型。

宏观经济形势的变化引起了越来越多的学者对我国货币政策实施效果的关注。部分学者对数量型货币政策工具的有效性产生了质疑，认为随着利率市场化和金融创新的加快，数量型规则效力在不断减弱。

Geiger（2006）认为，在高通胀时期（1994—1995年），M2尤其会出现一定误导。Laurens和Maino（2007）指出，中国的货币乘数自1994年以后明显呈现下降态势，这主要与持有货币机会成本、金融自由化、支付体系相关的技术进步有关。另外，实证结果表明，产出不会受到货币供应量的任何短期影响。陈平和李拉亚（2016）研究指出，商业银行的信用创造功能会受到影子银行影响，进而对数量型货币政策的有效性产生负面作用。张龙（2020）通过构建TVP-VAR模型分析数量型和价格型货币政策工具对宏观经济的调控效应，并进一步研究货币政策有效性受经济不确定性影响的时变效应。研究结果显示，在不同政策目标下，数量型与价格型货币政策的调控效果差异显著。在经济不确定性的影响下，数量型货币政策工具弱化趋势相较于价格型货币政策工具更为明显。龙少波等（2021）实证分析了“混合型”货币政策的宏观调控效果，认为货币政策表现出从“量”向“价”过渡的特点。随着数量型货币政策逐渐难以满足当前货币政策的调控要求，一些学者开始着手研究价格型规则的适用性。谢平和罗雄（2002）检验其构建的泰勒规则，结果发现泰勒规则适合作为中国货币政策的参照尺度。李春吉和孟小宏（2006）指出，价格型货币政策对通胀和产出的调控作用有限。Zhang（2009）通过构建动态随机一般均衡模型用数量型规则和价格型规则对中国经济的适用情况进行了比较，认为价格型规则更优。也有学者认为可以将价格型货币政策和数量型货币政策结合起来。例如，张杰平（2012）比较分析了中国货币政策规则的效果，结果显示混合型货币政策规则更适合中国的现状，比单一的利率或货币供应量规则对产出和通胀的影响更大。

当前我国货币政策效果不理想，数量型货币政策亟待转型，大量学者也为此提出了相关转型措施和建议。例如，汪川（2015）以经济“新常态”为背景，基于政策转型的理论和实践依据，评价了结构性的货币政策，并提出了未来转型的展望和政策建议。钟言（2015）认为货币政策转型要积极审慎地进行，基准利率调控体系的创新构建是首要任务。许珊珊（2016）全面分析了我国货币政策框架和“利率走廊”的操作模式后，提出应完善市场风险定价机制，利率传导机制和其他配套措施等建议。张前荣（2016）认为加快价格型货币政策调控框架的构建进程和完善利率调控体系是货币政策转型过程中的重点问题。张和英（2017）深刻分析了货币政策转型的相关政策和理论，指出货币政策的转型有利于更好地发挥宏观调控作用。张屹山等（2017）基于国际经验视角对货币政策转型机制进行了研究，认为应关注利率的短期波动性，确保其长期平滑性，疏通传导渠道，不能过度盯住经济增长目标，要强化市场的配置作用，加快完善金融市场的建设。

无论从国际经验来看，还是从中国当前经济发展形势来看，货币政策由数量型向价格型的转变都是必然趋势，为印证我国货币政策转型的必要性，本节将对价格型货币政策工具和数量型货币政策工具的有效性进行实时对比。由于时变模型可以更好地捕捉转型过渡期的特征，因此构建TVP-VAR模型进行下面的研究。

5.2 TVP-VAR模型介绍

5.2.1 TVP-VAR模型形式

首先建立一个结构VAR基本模型，即：

$$Ay_t = F_1y_{t-1} + \cdots + F_sy_{t-s} + \mu_t, t = s+1, \cdots, n \tag{5.1}$$

其中，A为k×k维联立参数矩阵，y_t是k×1维观测向量，$F_1 \cdots\cdots F_s$为k×k维的系数矩阵，μ_t为k×1维扰动项，代表结构冲击。假设$\mu_t \sim N(0, \sum\sum)$，其中：

$$\sum = \begin{bmatrix} \sigma_1 & 0 & \cdots & 0 \\ 0 & \ddots & \ddots & \vdots \\ \vdots & \ddots & \ddots & 0 \\ 0 & \cdots & 0 & \sigma_k \end{bmatrix}$$

这里假定结构冲击间的关系满足递归识别，即矩阵A为下三角阵，将式（5.1）做以下整理：

$$y_t = B_1y_{t-1} + \cdots + B_sy_{t-s} + A^{-1}\sum\varepsilon_t, \varepsilon_t \sim N(0, I_k)$$

其中，$B_i = A^{-1}F_i$，$i = 1, \cdots, s$。将矩阵B中的每行元素进行维度转换，变成$k^2s \times 1$维向量β，定义$X_t = I_s \otimes (y_{t-1}, \cdots, y_{t-s})$。其中，⊗为克罗内克积，可将上式改写成：

$$y_t = X_t\beta + A^{-1}\sum\varepsilon_t \tag{5.2}$$

式（5.2）中所描述的S-VAR基本模型的参数只有唯一解，因此要将其扩展为TVP-VAR模型，使其具有时变特征，具体描述如下：

$$y_t = X_t\beta_t + A_t^{-1}\sum_t\varepsilon_t, t = s+1, \cdots, n \tag{5.3}$$

式（5.3）中，$\sum_t$是随机波动的协方差矩阵，系数β_t、A_t以及矩阵$\sum_t$均具有时变特征。将下三角阵A_t中非0和1的元素转换成列向量，即令$a_t=(a_{21}, a_{31}, a_{32}, a_{41}, \cdots, a_{k,k-1})$。同时令$h_t=(h_{1t}, \cdots, h_{kt})$，其中$h_{it}=\log\sigma_{it}^2, i=1, \cdots, k; t=s+1, \cdots, n$。假设式（5.3）中的参数服从以下的随机游走过程，即：

$$\beta_{t+1} = \beta_t + \mu_{\beta t}$$
$$a_{t+1} = a_t + \mu_{at}$$
$$h_{t+1} = h_t + \mu_{ht}$$
$$t = s+1, \cdots, n$$

这里，$\beta_{s+1}\sim N(\mu_{\beta_0}, \sum_{\beta_0}), a_{s+1}\sim N(\mu_{a_0}, \sum_{a_0}), h_{s+1}\sim N(\mu_{h_0}, \sum_{h_0})$。

5.2.2 TVP-VAR模型估计

1.先验值

由于许多状态变量存在于TVP-VAR模型中，且遵循非平稳随机游走过程，因此先验值的选取在贝叶斯框架下需要谨慎处理。本节中，相比于随机波动β和联立关系a，时变系数β先验值的选择会更为严格。对于先验值的设定我们基于Jouchi Nakajima（2011）对单调先验值进行设定。这里假设参数β、a和h的先验值服从于正态分布，协方差矩阵为：$\sum_{\beta_0} = \sum_{a_0} = \sum_{h_0} = 10\times I$，其均值为：$\mu_{\beta_0} = \mu_{a_0} = \mu_{h_0} = 0$。假定协方差矩阵的第i个对角线服从先验分布，则：$(\sum_\beta)_i^{-2}\sim Gamma(40, 0.02)$，$(\sum_a)_i^{-2}\sim Gamma(4, 0.02)$，$(\sum_h)_i^{-2}\sim Gamma(4, 0.02)$。

2.贝叶斯推断

在贝叶斯推断的背景下，估计TVP-VAR模型时构建马尔可夫链蒙特卡洛模拟（MCMC）。考虑到时变参数是模型中的潜在参数，模型会形成一个状态空间。对TVP-VAR模型进行取样的有效方法是基于剩余参数对

$\beta = \{\beta_t\}_{t=s+1}^{n}$（同理对$a = \{a_t\}_{t=s+1}^{n}$和$h = \{h_t\}_{t=s+1}^{n}$）进行联合取样，该方法优于一次性取样。根据Durbin和Koopman（2002）的研究结论，可使用模拟滤波器对参数a和时变系数β进行有效取样，以此构成线性高斯状态空间模型。参考Shephard和Pitt（1997）的研究，随机波动h的取样方法选择多次移动取样，其优点是样本可从模型原始形式中直接获取。

3. MCMC算法

令$y = \{y_t\}_{t=1}^{n}$和$\omega = (\sum_\beta, \sum_a, \sum_h)$，将ω的先验概率密度定义为$\pi(\omega)$，给定数据y，样本从条件后验分布$\pi(\beta, a, h|\ y)$中产生，具体过程如下：（1）初始化β、a、h、ω；（2）取样$\beta|\ a$、h、$\sum_\beta$、y；（3）取样$\sum_\beta|\ \beta$；（4）取样$a|\ \beta$、h、$\sum_a$、y；（5）取样$\sum_a|\ a$；（6）取样$h|\ \beta$、a、$\sum_h$、y；（7）取样$\sum_h|\ h$；（8）回到步骤（2）。

其中，借助模拟滤波器可以实现（2）和（4）。（3）、（5）、（7）在共轭先验下的伽马分布或在Wishart分布中生成样本。（6）采用多次移动取样的方法从随机波动中获取样本。由于假定$\sum_h$是对角矩阵，因此条件后验分布$\{h_{jt}\}_{t=s+1}^{n}$对$j = 1, \cdots, k$独立，这简化了对h的取样过程。

5.3 价格型与数量型货币政策工具有效性的实时对比

为了实时比较价格型与数量型货币政策工具调控经济周期的有效性，本节以国内生产总值同比增长率来代表经济增长水平，选用7天期同业拆借利率作为价格型货币政策工具的代表变量，选取M2同比增速作为数量型货币政策工具的代表变量。样本起止时间设定为2006年3月至2017年3月，数据均来源于中经网数据库。本节利用MATLAB软件来计算主要的实证结果。

5.3.1 TVP-VAR模型的参数模拟

为设定TVP-VAR模型参数的滞后阶数，本节参照Nakajima（2011）

的研究，并基于AIC准则及SIC准则进行了稳健性检验后，选取二阶滞后。先验值的处理已由前文方法介绍作出说明。由于参数模拟中初始的1 000个样本不平稳，因此将其舍弃，本节的模拟始于1 000次，随后样本量选取M=10 000。收敛诊断统计量（CD）决定了该预模拟状况（1 000），且可由下式计算而来：

$$CD=(\bar{x}_0-\bar{x}_1)/\sqrt{\hat{\sigma}_0^2/n_0+\hat{\sigma}_1^2/n_1},\ \bar{x}_j=\frac{1}{n_j}\sum_{i=m_j}^{m_j+n_j-1}x^{(i)} \tag{5.4}$$

后验均值估计值、95%置信区间、标准差、CD统计量（Geweke，1992）和无效率因素等参数估计结果由表5-1给出。Geweke（1992）提出排除中间序列，对照前n_0个和后n_1个序列。

式（5.4）中，$x^{(i)}$为第i个序列，$\sqrt{\hat{\sigma}_j^2/n_j}$为$\bar{x}_j$的标准误，当$j=0,1$时。若MCMC产生的是平稳的样本序列，则其分布将收敛于正态分布。这里设置$m_0=1, n_0=1000, m_1=5001, n_1=5000$。无效率因素定义为：

$$1+2\sum_{s=1}^{B_m}\rho_s \tag{5.5}$$

式（5.5）中，$B_m=500$，ρ_s为滞后s阶的样本自相关系数。根据chib（2001）的研究结论，MCMC的混合效果可由无效率因素来测定。无效率因素代表后验样本均值的方差与不相关序列样本均值的方差的比率。它的倒数称为相对数值效率（Geweke，1992）。

表5-1 **参数估计结果**

参数	均值	标准差	95%置信区间	CD	无效率因素
$(\sum_\beta)_1$	0.4515	0.1455	[0.2291，0.7907]	0.408	18.45
$(\sum_\beta)_2$	0.2310	0.0834	[0.1062，0.4284]	0.258	36.16
$(\sum_a)_1$	0.0055	0.0016	[0.0034，0.0096]	0.185	25.23
$(\sum_a)_2$	0.0056	0.0016	[0.0034，0.0096]	0.796	18.84
$(\sum_h)_1$	0.0056	0.0017	[0.0034，0.0098]	0.626	25.02
$(\sum_h)_2$	0.0057	0.0017	[0.0035，0.0100]	0.176	26.98

由表5-1可知，在5%的显著水平下CD统计量均不能拒绝原假设，即参数是收敛于后验分布的，这意味着基于1 000个样本的预模拟足以使

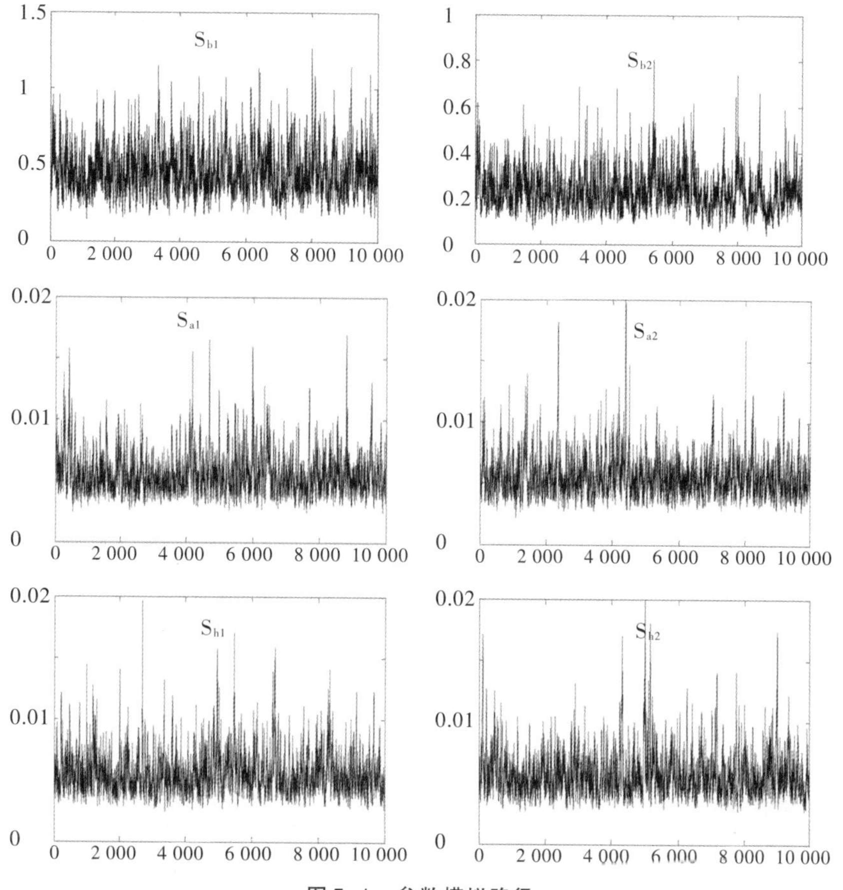

图5-1 参数模拟路径

MCMC样本收敛。另外，均低于50的无效率因素水平值也说明了模拟取样作为TVP-VAR模型的取样方法是有效的。而图5-1给出了S_{a1}, S_{a2}, S_{b1}, S_{b2}, S_{h1}, S_{h2}六个参量的动态模拟路径，在其中可明显观察到波动聚类现象，并且取样数据在模拟临近结束时均聚类于样本收敛的均值。该现象也符合表5-1中所示的均值结果，估计的稳健性得到了再次印证。

5.3.2 经济周期对价格型与数量型货币政策调控的时变脉冲响应分析

本节对价格型与数量型货币政策工具的有效性进行实时对比，基于构建的TVP-VAR模型作出经济周期对于两种货币政策的时点脉冲响应分析。我们所选取的样本期间内的时点为典型的经济波动阶段，即次贷危机时期（2009年6月）、混合型通胀时期（2011年9月）、经济“新常态”时期（2014年9月）。这三个时点可以较好地度量随着经济周期更迭不同类型货币政策工具的调控效力。

图5-2至图5-5清晰地反映了国内生产总值（GDP）增速受到一单位正向利率冲击的时点脉冲响应过程。通过观察24期（2年）内在三个不同时点下脉冲响应曲线的衰减情况可知，三条曲线具有高度耦合的趋势形态，在受到冲击后国内生产总值增速会产生先增大后减弱的负向偏离，并且于24期（2年）后收敛于稳态。这是因为利率上升增大了厂商融资需要的成本，从而投资受到抑制，消费和投资的减少会造成国内生产总值增速的下降。这表明价格型货币政策工具在短期内对经济的调控效果显著，可有效熨平经济周期波动，但是其基本职能没有从根本上发生转变。总体而言，在三个不同时点下，国内生产总值增速受到冲击的偏离程度差异较大，这意味着随着经济周期的更迭，货币当局的政策操作会随之产生不同的调控效应。另外，仔细对比收敛期内三条脉冲响应曲线的走势可以看出，通胀过热时期利率调整对国内生产总值增速产生的作用最弱，其次是次贷危机时期，而现阶段利率冲击对国内生产总值增速的影响最为强烈，这再次说明经济周期的更迭会改变中央银行的政策调整偏好。换言之，在经济繁荣期，一单位利率的调整对国内生产总值增速的调控效力较弱，而在经济紧缩期，利率政策的调控效应会适度增强。

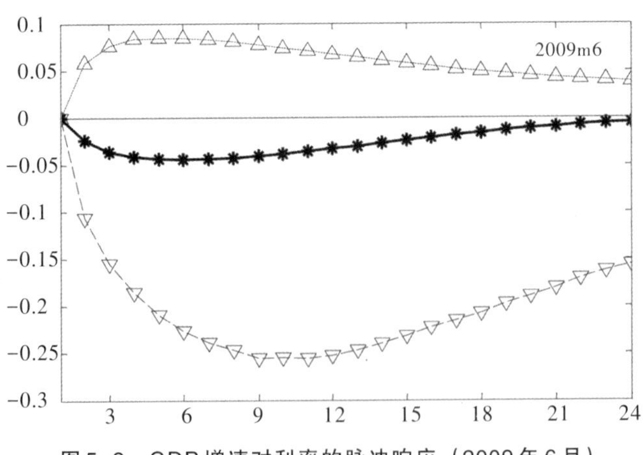

图5-2 GDP增速对利率的脉冲响应（2009年6月）

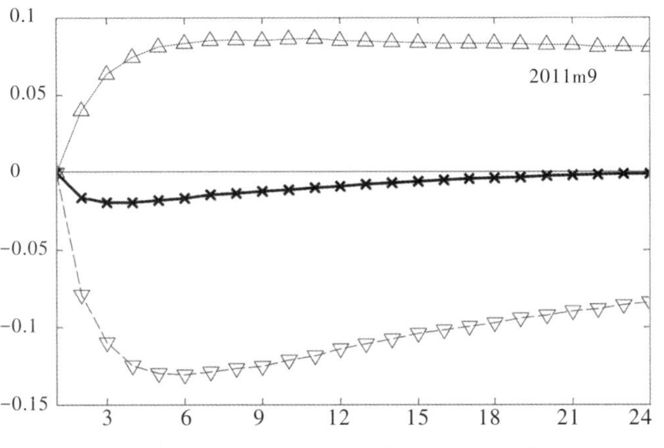

图5-3　GDP增速对利率的脉冲响应（2011年9月）

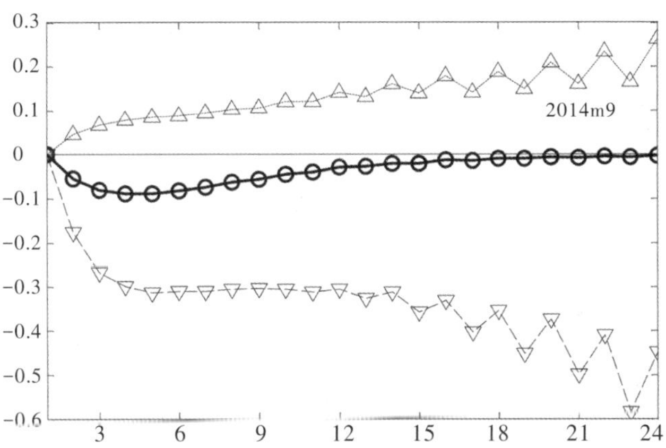

图5-4　GDP增速对利率的脉冲响应（2014年9月）

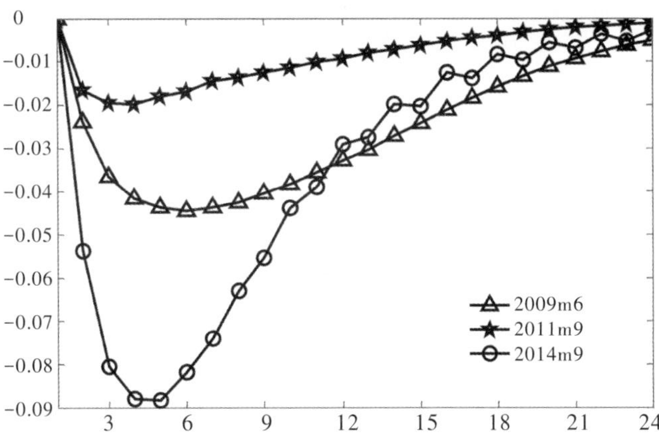

图5-5　GDP增速对利率的脉冲响应（全时点）

图5-6至图5-9反映了国内生产总值增（GDP）速受到一单位正向M2同比增速冲击的时点脉冲响应过程。观察图中脉冲响应曲线趋势可知，在受到冲击后，三个时点下国内生产总值增速在短期内均会迅速扩张，表明短期内货币供给量的提升会显著拉动实际经济变量的增长，即数量型货币政策工具在短期内对经济产生有效的推动作用。这是因为投资者的投资热情会随着货币增加而提高，从而促进实体经济的繁荣，提高了整体经济水平。仔细观察图5-9可以发现，后期三个时点的脉冲响应曲线的变化规律产生了一定差异，现阶段与2011年9月有高度耦合的变动趋势，时变特性基本消失，但2009年6月的冲击反应曲线的后程呈现出微弱的反转态势，这意味着这一阶段内当广义货币供给提高时，会面临远期福利成本约束。实际上，对该时期内我国的货币政策调控进行回顾可知，中央银行的增储行为在很大程度上导致了广义货币供给增速的激增，而流通中的现金则不会受到增持外汇储备的强烈影响，造成了其增长效应的弱化，特别是在长期，本国货币的升值压力会增大，从而抑制净出口，最终造成对总产出的“挤出效应”。

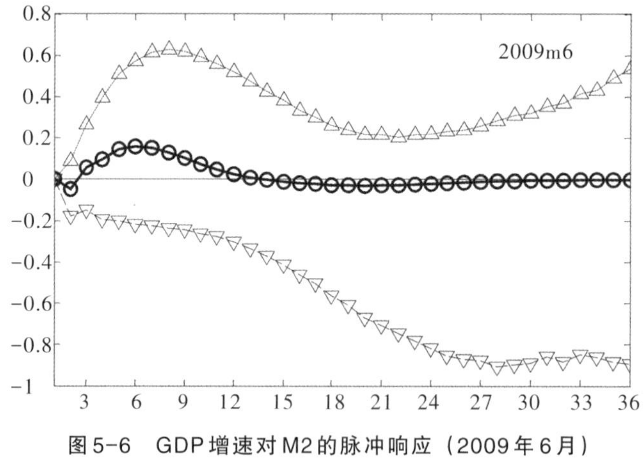

图5-6 GDP增速对M2的脉冲响应（2009年6月）

综合来看，价格型与数量型货币政策工具均对经济周期波动产生有效的熨平作用，价格型货币政策工具有更为直接的调控效果，且其持续时间较短、作用力度较小，因此微调与预调的功能更为突出；而数量型货币政策工具对经济周期有更强的系统性影响，但较慢的收敛速度意味着货币当局越发谨慎地运用总量调控政策。

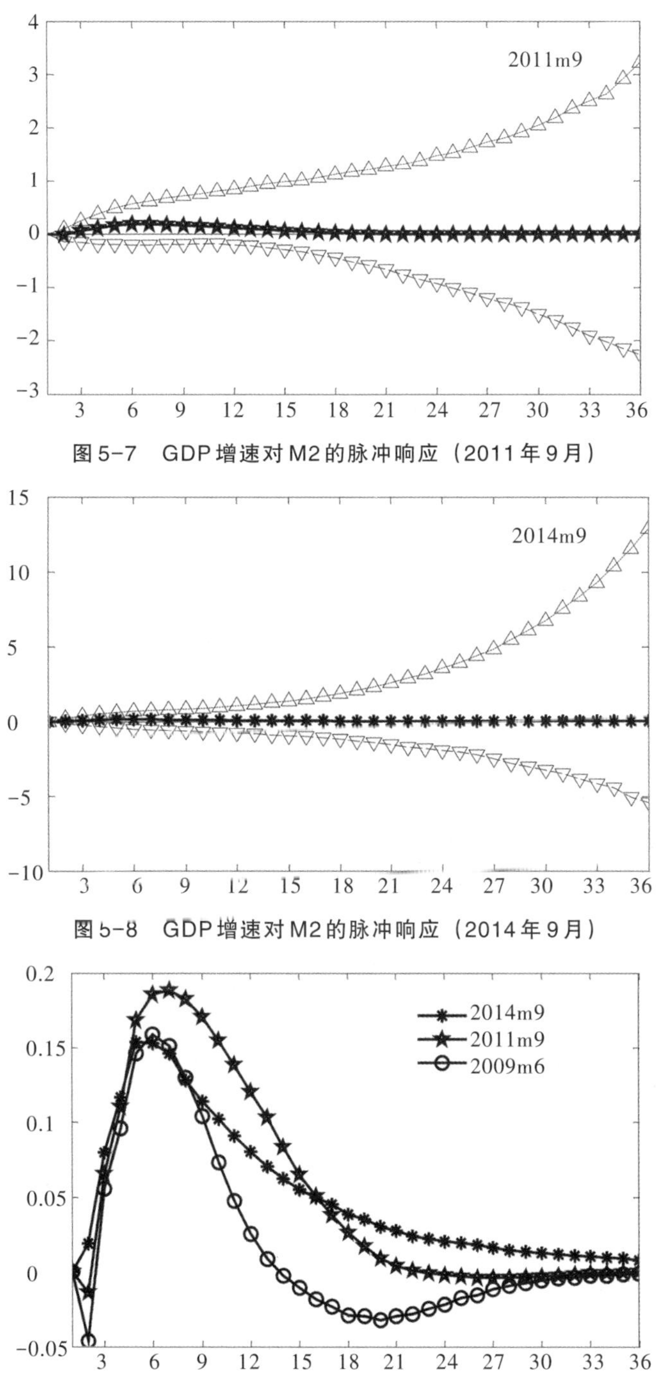

图5-7　GDP增速对M2的脉冲响应（2011年9月）

图5-8　GDP增速对M2的脉冲响应（2014年9月）

图5-9　GDP增速对M2的脉冲响应（全时点）

5.4 本章小结

为了研究价格型与数量型货币政策工具对我国经济周期的时变调控效应，本章构建TVP-VAR模型并通过时变脉冲响应函数，用货币供给变动与名义利率对不同经济周期波动阶段的影响进行了详细对比。首先，本章对货币政策转型的国际经验和中国特征进行了相关文献回顾和梳理，然后构建TVP-VAR模型进行参数模拟并验证了估计结果的稳定性，最后从实证角度对已构建的模型进行时变脉冲响应分析，分别比较了次贷危机时期、混合型通胀时期和经济“新常态”时期两种货币政策的调控效应。基于相关的分析结果主要得到以下结论：

第一，在三个不同时点下，国内生产总值增速在受到利率冲击后均会产生不同程度的负向偏离，并于24期（2年）后收敛于稳态。这反映出随着经济周期的更迭，货币当局的利率政策操作会随之产生不同的调控效应，但总体上对产出的作用更为直接，收敛速度均较快，可有效熨平经济周期波动。另外，从对比的角度来看，现阶段利率冲击对国内生产总值增速的影响最强烈，而通胀过热时期效果最弱，这也说明在经济繁荣期，利率的调整对国内生产总值增速的调控效力较弱，而当前我国经济紧缩期利率政策的调控效果较好。

第二，在三个不同时点下，国内生产总值增速在受到货币供给冲击后均会迅速扩张，收敛于稳态的速度较慢，这表明短期内数量型货币政策工具可以对经济产生有效的推动作用。而对比经济周期不同阶段可以发现，在通胀过热时期，当广义货币供给提高时，会存在远期福利成本约束。该时期货币政策调控的历史经验反映出，中央银行的增储行为在很大程度上导致了广义货币供给的激增，而增持外汇储备对流通中的现金无强烈影响，这弱化了其对经济的调控效应，并最终造成对总产出的“挤出”效应。

总之，当前为了防止我国经济失速下滑，对名义利率的预调和微调是现阶段货币当局更为倾向的调控方式。而随着金融市场的蓬勃发展，融资结构发生了根本性改变，传统的数量型货币政策工具调控经济较为复杂，不再满足当前社会的实际发展需要，亟须转型。为促进经济的持续稳定发展，需要有效发挥价格型货币政策工具对宏观经济的调控作用。此外，货币当局还应当从我国经济发展的具体情况出发，全面掌握货币政策转型理论，明确货币政策框架、目标和具体实施规则，以此发挥其结构性调控的功能。在货币政策转型进程中，创新货币政策工具尤为重要，在下一章将对社会融资规模在平抑经济周期波动过程中的有效性进行全面系统的评价。

第6章　社会融资规模对经济周期波动调控效应的有效性研究

随着金融市场的蓬勃发展，金融创新层出不穷，整个金融市场呈现出如下三个方面的变化：融资手段多元化、市场规模扩大化和融资结构扭曲化。货币与信贷的关系开始变得越来越模糊，传统的货币供应量和新增人民币贷款等统计指标不再能满足货币政策的需要以全面准确地反映金融与经济的关系。因此，社会融资规模这一新的指标概念出现在我国的宏观调控中。本章选用TVP-FA-VAR模型来深入探究社会融资规模作为货币政策中介目标的有效性。首先选取GDP同比增长率、居民消费价格指数（CPI）以及资产价格收益率作为宏观经济的代表变量，对比了各经济指标与货币政策的中介目标（M2、新增人民币贷款、名义利率和社会融资规模）的关联性，并依次进行相关性分析、Granger因果检验和协整关系检验；然后建立TVP-FA-VAR模型，并基于此进行等间隔脉冲和时点脉冲响应分析；最后将社会融资规模、利率和M2三种货币政策中介目标对GDP、CPI和资产价格等宏观经济变量的脉冲响应函数进行比较，进一步分析社会融资规模相比于其他指标作为货币政策目标的调控效力。结果表明：若以GDP为最终目标，M2和社会融资规模更适合作为中介目标，而虽然社会融资规模上升拉动经济增长的影响具有长记忆性，但经济新常态时期其影响较微弱，因此政府不能过度采取政策刺激来拉动经济复苏，应致力于提高增长质量和维持经济稳定；另外，CPI对利率、社会融资规模变动的响应情况有悖于经济学原理，不应作为当前调控的最终目标，政府部门还应注重实体与虚拟经济的协同发展以及政策对资产价格的复杂影响。总之，由于M2对实体经济影响的逐渐弱化、人民币贷款占比的不断下降、利率市场化进程的尚未完善，社会融资规模越来越成为货币当局监管货币环境的重要参考依据。在我国货币政策体系转型的过程中，社会融资规模既能全面准确地反映金融与经济间的勾稽关系，又能对经济增长、物价水平、投资消费等不同层面的经济波动产生较好的调控效应，与我国当前经济环境和货币政策传导机制相适应，有望成为下一阶段的货币政策中介目标。

6.1 社会融资规模有效性研究回顾

为了更好地适应经济环境，从2011年起，我国宏观调控引入了社会融资规模这一新指标。社会融资规模是指一定时期内实体经济从金融体系获得的资金总额。它是一种创新的、具有中国特色的宏观金融统计指标，能够较为全面和准确地反映我国金融与经济之间的关系，是我国数量型货币中介体系的一次创新性的指标重构。

2010年“社会融资规模”这一概念在中央经济工作会议上首次被提出，中国人民银行于2010年11月开始研究和编制社会融资规模统计指标，并于2011年初正式建立社会融资规模增量统计制度。2011年3月时任国务院总理的温家宝同志在《政府工作报告》中明确提出“保持合理的社会融资规模”的工作要求。指标一经提出，便引起了国内外学者的广泛关注，并纷纷对其进行研究。但由于该指标的概念较新，学者们对其的研究还处于初探阶段，对该指标的评价也尚未形成统一的观点。

部分学者认为社会融资规模是一次有益的数量型货币中介指标构

建，杨秀萍（2011）、郭忠军（2011）通过定性分析发现：社会融资规模是提高货币政策有效性的满足条件的合理中介目标。盛松成（2012）认为社会融资规模在反映经济与金融之间的关联方面效果显著，该指标的编制也有利于加强金融对实体经济的支持。在金融深化程度不断提高、社会融资结构显著变化、宏观调控面临新环境和新要求的局面下，社会融资规模更适合成为统计监测指标和宏观调控的中介目标。

还有许多学者从定量的角度比较了社会融资规模、M2、信贷规模对货币政策最终目标的影响，发现相比于M2和信贷规模，宏观经济受社会融资规模变动的影响更强烈，货币政策调整给资金供给带来的影响由社会融资规模来体现效果更优，未来可考虑将其作为货币政策中介目标（张嘉为，2012；焦琦斌，2012等）。中国人民银行南昌中心支行课题组（2012）、尹继志（2013）从中介目标的可控性角度入手，认为中央银行能够通过存款准备金政策、利率政策和公开市场操作等货币政策工具，对社会融资规模进行调控。另外，社会融资规模与货币政策最终目标（CPI、GDP等）具有更强的相关性，认为其能够取代新增贷款，成为我国宏观调控的另一监测指标。元惠萍和刘飒（2013）选取社会融资规模、人民币贷款和M2作为宏观调控中介目标的备选变量，采用2002—2012年的季度数据进行图形直观分析、脉冲响应分析以及协整关系分析，结果发现M2的表现并不理想，建议我国货币当局在选用金融宏观调控的中介目标时优先考虑社会融资规模。

在研究社会融资规模与实体经济增长的关系方面，舒铖（2013）用GDP和CPI指标作为宏观经济考察变量，同时分析了其与社会融资规模的相关性，发现社会融资规模与实体经济增长之间存在长期稳定的关系。张原和王珍珍（2014）通过构建“社会融资规模产出率”指标，研究社会融资规模与实体经济增长间的联动性，并对社会融资规模的统计方式提出了新的建议。樊元和龙飞（2014）通过因子扩展型VAR模型系统地对社会融资规模和实体经济增长进行了关联性分析，认为仍须从存量的角度对其进行监测，进而实现从存量的角度考察其与实体经济间的依存关系。郭丽虹和张祥建（2014）随机抽取中国31个省级地区的月数据，从融资结构的角度出发，探究社会融资规模对实体经济的影响，发现社会融资规模的增长存在一定的门槛效应，在合理的水平下，社会融资规模与实体经济二者之间明显正相关，且不同的社会融资结构对实体经济的影响并不相同。保持社会融资规模合理增长、调整和优化社会融资结构对于促进实体经济部门发展具有重要意义。

也有部分学者对社会融资规模指标的有效性尚存疑虑。余永定（2011）质疑用社会融资规模来调控物价的政策效果，为了考察社会融资总量对通货膨胀的影响力度，他以银行资产负债表为依据对社会融资规模和货币供应变动进行了比较，结果表明内生的社会融资总量更难以控制，不适合作为央行的政策中介目标。张茉楠（2011）、李建军（2012）从直接融资以及央行调控约束的角度出发进行研究，认为社会融资总量目前作为中介指标的条件尚未成熟，短期内不会成为货币中介目标。张春生（2013）认为当受到来源于商品市场的外在冲击时，货币政策以社会融资规模为中介目标时会造成更剧烈的经济波动，而以货币供应量作为中介目标的效果要比社会融资规模更好，且综合考虑到社会融资规模的统计范围弊端，其尚不适合作为货币政策中介指标，只具有参考意义。张春生和蒋海（2013）利用VAR模型比较了M2、信贷规模、社会融资规模作为货币政策中介目标的效果，得出社会融资规模不适合作为货币政策中介目标的结论，认为在当前利率市场化尚未完成的情况下，我国货币政策中介目标仍然应锚定M2，但社会融资规模可作为重要的宏观监测指标。汪洋（2014）认为社会融资规模指标存在统计方法上的内生缺陷，且在社会融资规模中将实体经济机构的相互融资纳入统计是不合理的，这既存在重复统计，又存在统计遗漏。

虽然近年来学者们在对社会融资规模的理论与实证研究中得出了不同的结论，但同时也难以避免地存在着一些缺陷。针对部分学者提出的社会融资规模指标在统计上存在重复和遗漏的问题，中央银行已在2015年对这一指标的统计方法和统计内容做出了进一步的解释说明和修正完善，该问题已经得到了初步解决。目前绝大多数研究学者对社会融资规模指标持肯定态度，但是由于社会融资规模的概念被提出不久，历史数据十分有限，因此对其的研究仍处于初探阶段，该指标与各宏观经济变量、政策指标间的理论和实际关系还有待更深入的研究与验证。

现阶段学者们对社会融资规模的研究大多还局限于定性分析，尽管有少数研究选用了VAR模型进行实证检验，但随着我国金融市场改革的不断深化，不同时期经济变量的外生冲击也发生了较大变化。传统的VAR模型在样本期内的常参数假定已经不再能适应实际经济中的结构性变化，因此本章开创性地将时变特征和宏观因子纳入到模型的设定中来，选用TVP-FA-VAR模型对社会融资规模作为货币政策中介目标的有效性进行研究。

6.2 我国社会融资规模关联性分析

为了比较社会融资规模、M2、新增人民币贷款和名义利率与宏观经济指标间的关联性，本节分别选取GDP同比增长率、CPI、资产价格收益率作为宏观经济的代表变量来反映宏观经济状况、居民生活水平以及金融市场环境。选用7天期同业拆借利率、M2同比增长率、贷款同比增长率、社会融资规模同比增长率作为货币中介目标代理变量。样本起止时间为：2004年1月—2017年9月，所有数据均来自中经网统计数据库。

6.2.1 相关性分析

货币政策若想达到预期效果，所选择的中介目标一定要与调控的最终目标密切相关，因此本书依次用名义利率、M2同比增长率、贷款同比增长率、社会融资规模同比增长率和GDP同比增长率、CPI和资产价格收益率进行相关性分析，得到的结果见表6-1。

表6-1 **主要宏观经济指标的相关系数**

指标	GDP同比增长率	CPI	资产价格收益率
名义利率	-0.2629	0.4271	-0.0881
M2同比增长率	0.4475	-0.2677	0.0876
贷款同比增长率	0.2800	-0.3415	0.1080
社会融资规模同比增长率	0.2898	0.0571	-0.0589

首先，观察表6-1中各组货币中介指标与GDP同比增长率的相关系数可以发现，除名义利率与GDP同比增长率的相关系数为负数以外，其余数量型货币中介指标与GDP同比增长率的相关系数均为正数，这与预期相符。这主要是因为利率上升属于紧缩的货币政策，此时贷款成本将会增加，投资减少，导致GDP同比增长率下降；而货币供应量上升属于宽松的货币政策，此时由于菜单成本或货币幻觉的存在，经济在短期内往往无法形成古典二分，企业和私人部门将增加投资和消费，进而拉动实体经济增长。再从相关系数的大小来看，四组货币中介指标与GDP同比增长率的相关系数的绝对值都在0.2～0.5，其中社会融资规模同比增长率和M2同比增长率的相关系数分别为0.2898和0.4475，相比而言，两者与GDP同比增长率具有更强的相关性。若以GDP为最终目标，从相关性的角度分析，选择M2和社会融资规模作为中介目标的调控效果更佳。

其次，从表6-1中第二列数据可以看出，除社会融资规模以外，其余三项货币中介指标都和CPI具有一定的相关性，其中名义利率和CPI的相关系数最大，为0.4271，这说明通过调节名义利率来维持物价水平稳定的效果更佳。另外，增加货币发行量原本应该导致物价水平上涨，使CPI指数拉升，而表6-1中M2同比增长率与CPI的相关系数却为-0.2677，这与经济学理论相悖，说明广义货币与实体经济的相关性已经明显弱化。此外，观察表中第三列数据可以发现，四组货币中介指标与资产价格收益率的相关系数的绝对值都在0.2以下，说明资产价格的涨跌更多地受到居民投资行为以及金融市场表现的影响，与宏观调控的相关性仍有待加强。

综合表6-1的估计结果可以发现，当以物价稳定作为货币调控的最终目标时，价格型货币中介指标将会发挥较好的政策传导效果，而当以平抑产出波动为宏观调控的最终目标时，数量型货币中介指标的调控效果则更加明显。由此可见，货币政策中介目标转型并不是一个一蹴而就的过程，其将面临不同最终目标间的权衡取舍。其中，名义利率与实际产出的相关性较弱，而M2与CPI之间的相关性也开始显著弱化。相比而言，社会融资规模与CPI和实际产出的相关性均与理论描述和经验事实相符，表明其在我国货币政策体系转型的过程中，已经成为较为重要的货币中介目标。

6.2.2 Granger因果检验

上述经济变量虽然通过了相关性检验，但它们的相关关系可能在经济分析中并不显著。此外，有效的货币政策还要求这些货币中介指标与GDP、通货膨胀等最终目标存在因果关系，因此还需要通过Granger检验来进一步判断某些变量的变化是否是其他变量变化的原因。

Granger检验实质上是在y的回归方程中引入x的滞后项，观察引入x是否有助于提高对y的解释程度，从而判断事件X是否为事件Y的Granger原因。从Granger检验的原理来看，Granger因果是统计意义上的因果关系，与逻辑上的因果关系不同，如果事件X是事件Y的Granger原因，只能说明变量x的历史信息有助于预测变量y的值。虽然Granger检验只能从统计学角度检验变量之间的因果关系，但却对经济预测有重要价值，因此Granger因果检验广泛应用于经济增长、货币政策、进出口贸易等领域的研究中，本节也对上述经济变量进行了滞后期为12阶的Granger因果检验，在10%的显著性水平下得到的检验结果见表6-2。

首先，从表6-2的第一列数据可以看出名义利率与GDP之间不存在Granger因果关系，这说明短期内利率与GDP同比增长率相互不具有预测能力，调节利率对实体经济的作用并不显著，利率的传导渠道还有待畅通。而M2同比增长率、贷款同比增长率则分别与GDP同比增长率互为Granger原因，因此在短期内我们既可以用M2、贷款的历史数据来预测GDP的变化，又可以将GDP的历史信息作为宏观调控的依据，例如在经济增速放缓时，可以通过增加货币供应量和鼓励贷款来刺激GDP的增长。另外，GDP同比增长率还是社会融资规模同比增长率的Granger原因，这一结果表明社会融资规模指标具有明显的后顾性特征，即货币当局可以根据短期内GDP同比增长率的历史表现，对社会融资规模进行调控。相比之下，在以GDP同比增长率作为最终目标时，三种数量型货币政策指标与GDP同比增长率的联系更加紧密，每一指标都至少与GDP同比增长率存在单方向的Granger因果关系，因此数量型货币政策工具对经济增长的调控作用更加有效。

其次，观察表6-2第二列关于CPI的检验结果不难发现，四组货币中介指标与CPI之间都存在单向或双向的Granger因果关系。其中CPI是利率的Granger原因，说明中央银行可以用短期内CPI的历史走势作为参考来调控当期利率，例如在通货膨胀时期，可以适度调高名义利率以维持物价水平的基本稳定。再观察M2同比增长率和贷款同比增长率，两者都与CPI互为Granger因果关系，该检验结果表明，短期内可以依照M2和贷款的表现来预测CPI，也可以用CPI的前期数据来调节M2和贷款。货币供应量和新增人民币贷款的高速增长会导致CPI上升，引发通货膨胀，而货币当局也会根据已经出现的通货膨胀出台一系列控制贷款数额、减缓M2同比增长率的政策来抑制通货膨胀。随后观察社会融资规模同比增长率指标，检验结果为CPI是该指标的Granger原因，即可以根据短期内CPI的历史信息对社会融资规模进行调控。综合来看，当以稳定物价作为货币政策调控目标时，价格型和数量型货币政策工具均较为有效，其中M2同比增长率和贷款同比增长率与CPI的关系最为紧密，短期内以此作为货币政策中介目标的调控效果更佳。

表6-2　**主要宏观经济指标的Granger检验结果**

指标	GDP同比增长率	CPI	资产价格收益率
名义利率	利率与GDP不存在Granger因果关系	CPI是利率的Granger原因	利率与资产价格收益率不存在Granger因果关系
M2同比增长率	M2同比增长率与GDP同比增长率互为Granger原因	M2同比增长率与CPI互为Granger原因	资产价格收益率是M2同比增长率的Granger原因
贷款同比增长率	贷款同比增长率与GDP同比增长率互为Granger原因	贷款同比增长率与CPI互为Granger原因	资产价格收益率是贷款同比增长率的Granger原因
社会融资规模同比增长率	GDP同比增长率是社会融资规模的Granger原因	CPI是社会融资规模的Granger原因	社会融资规模与资产价格收益率不存在Granger因果关系

最后，由表6-2的第三列数据可以发现利率与资产价格收益率之间不存在Granger因果关系，即无法用利率或资产价格收益率的短期历史数据进行相互预测，说明证券市场的价格波动短期内不受利率的影响，单纯地调节利率对虚拟经济的作用并不显著。而M2和贷款则不同，经检验资产价格收益率是M2同比增长率和贷款同比增长率的Granger原因，也就是说，短期内资产价格收益率的变动会对货币供应量和信贷规模造成影响。当证券市场活跃时，投资者的投资热情高涨，为了应对大量的资金需求，M2和贷款规模都会大幅增加，而当证券市场低迷时，投资者将会纷纷撤出市场，因此M2和贷款增速也应该相应放缓。再来观察社会融资规模同比增长率与资产价格收益率的关系，检验结果表明两者间不存在Granger因果关系，说明社会融资规模同比增长率的短期历史数据不能用于对资产价格收益率的预测，同时也不能根据资产价格收益率去调控社会融资规模指标。因为社会融资规模度量的是实体经济从金融体系中获得的融资总量，主要反映的是金融对实体经济的支持，所以该指标与虚拟经济的繁荣和紧缩不具有直接关联性。

综合看来，利率与三项宏观经济代表变量的关联性相对较弱，只与CPI存在单向的Granger因果关系，而另外三种数量型货币政策中介指标则与三项宏观经济代表变量存在着较强的关联性，特别是M2同比增长率和贷款同比增长率，与各主要宏观经济变量的联系最为紧密，均存在Granger因果关系，可见，短期内数量型货币政策中介目标的作用要明显优于价格型，对GDP、CPI、资产价格收益率等变量具有更好的调控效果。

6.2.3 协整关系检验

有些经济变量时间序列自身是非平稳的，但它们的线性组合却可能是平稳序列，构成平稳线性组合的变量之间所具有的这种长期稳定的均衡关系被称为协整关系。协整检验的目的则是确定一组非平稳序列的线性组合是否存在协整关系。变量间存在协整关系是建立和检验模型的基本出发点，如果回归方程的被解释变量与解释变量之间不存在长期稳定的均衡关系，即使模型具有很好的拟合优度，也不能用来预测未来信息。因此，在建模之前，有必要对所选变量的时间序列进行协整检验，通过检验结果来判断回归方程的设定是否合理，进而判断模型的设定是否正确。

Johansen检验是一种以VAR模型为基础的基于回归系数的多变量协整检验。例如检验k个经济变量间的协整关系，令$y_t=(y_{1t}, y_{2t}, \cdots y_{kt})$，且满足$y_t \sim CI(d, b)$，若存在非零向量β，使得$\beta y_t \sim I(d-b)$，$0<b\leq d$，则称$y_t$是协整的，向量β称为协整向量。Johansen检验的基本原理是将y_t的协整检验转化为对系数矩阵的秩的分析，进而转化为对矩阵非零特征根个数的检验，并最终判断y_t的协整关系和协整向量的个数。

本节选用Johansen方法进行协整检验，将上述变量分成四组，每组由一个货币政策中介指标和GDP同比增长率、CPI、资产价格收益率等三项宏观经济代表变量构成，分别检验四组货币政策中介指标与主要宏观经济变量的协整关系，在10%的显著性水平下得到的检验结果见表6-3。观察表中数据可以看出，四组货币政策中介指标与GDP同比增长率、CPI、资产价格收益率等指标均存在协整关系，说明每种货币中介指标都与主要宏观经济变量存在长期稳定的均衡关系，中央银行选择任意一种中介指标进行长期宏观调控均具有可行性。

表6-3 主要宏观经济指标协整检验结果

指标	GDP同比增长率	CPI	资产价格收益率
名义利率	存在2个协整关系		
M2同比增长率	存在1个协整关系		
贷款同比增长率	存在2个协整关系		
社会融资规模同比增长率	存在2个协整关系		

6.3 社会融资规模对经济周期调控效应时变特征分析

6.3.1 TVP-FA-VAR模型介绍

VAR模型自从被Sims（1980）提出以后，便广泛应用于宏观经济计量分析领域，但学者们质疑和批判该模型伪回归及缺乏理论基础等问题却未曾中断，在不断的探讨与改进中，Primiceri（2005）在VAR模型中引入时变参数，缓解了常系数模型设定对实际经济中的结构性变化分析的局限性，从真正意义上在宏观经济计量分析中引入了TVP-VAR模型，而后Koop（2009）将其结合FA-VAR模型的优势构建了TVP-FA-VAR模型。该研究中，参数的时变与否被赋予了相应的概率，这使得过度参数化问题在VAR识别过程中被有效缓解，并且能同时实现因子增广和时变特征，为研究者客观地分析变量间的本质关系提供基础。王少林等（2014）基于Koop（2009）的模型来研究我国货币政策的有效性，进一步验证了TVP-FA-VAR模型具有更加合理和完善的拟合效果，可以更好地刻画社会融资规模作为货币政策中介目标的有效性。

下面对TVP-FA-VAR模型的基本构架进行介绍。首先构造一个标准的VAR模型系统：

$$y_t = b_1 y_{t-1} + \cdots + b_p y_{t-p} + v_t \tag{6.1}$$

这里，$y_t' = [x_t', r_t']$，其中x_t是$(n\times 1)$维向量，代表实际经济变量（例如通货膨胀率和GDP增长率等），r_t代表货币当局可调控的经济变量（例如货币供给增速和名义利率等），即货币政策工具。$b_i, i=1,\cdots p$代表y_t滞后项的系数，是$(n\times n)$维矩阵，且$v_t \sim N(0,\Omega)$，其中Ω是$(n\times n)$维的方差协方差矩阵。然后基于此植入宏观因子，将VAR模型扩展为FA-VAR模型（含有因子增广的向量自回归模型）。将n维可观测向量x_t进行分解后得到k维不可观测因子向量f_t是FA-VAR模型的核心思想，其中k远小于n。该思想使得宏观基本面信息可以通过反映宏观经济状况的大量数据来获取，从而为中央银行的政策操作提供更全面的数据背景。然而大量的宏观因子被引入模型中会导致系统对经济变量异常值敏感性的降低，尽管FA-VAR模型对宏观背景信息的拟合较充分，能够更准确地反映经济行为对政策变量的动态反应机制，但其不利于捕捉系统的时变特征。因此，本节在FA-VAR模型中引入随机波动，从而令系统系数时变。这样可以良好捕捉典型经济波动阶段货币政策的不同调控效应。

TVP-FA-VAR模型的基本形式如下：

$$y_t = b_{1,t}y_{t-1} + \cdots + b_{p,t}y_{t-p} + v_t \quad (6.2)$$

这里$y_t' = [f_t', r_t']$，其中r_t仍是1×1维的货币政策工具，f_t是k×1维的潜在因子向量，$v_t \sim N(0, \Omega_t)$，$t = 1, \cdots, T$是全样本的方差协方差矩阵，$b_{i,t}$，$i = 1, \cdots p$，$t = 1, \cdots, T$是$(k \times k)$维的协方差矩阵。货币政策工具r_t以及因子f_t与原始观测序列x_t间的关联机制如下所示（Bernanke等，2005）：

$$x_t = \lambda_t^f f_t + \lambda_t^r r_t + u_t \quad (6.3)$$

这里λ_t^f是$(n \times k)$维矩阵，而λ_t^r是$(n \times 1)$维矩阵，其中，$u_t \sim N(0, H_t)$。$H_t = diag(\exp(h_{1,t}), \cdots, \exp(h_{n,t}))$是$(n \times n)$维矩阵，其中$t = 1, \cdots, T$。假设$E(u_{i,t}f_t) = 0$，且满足$E(u_{i,t}u_{j,s}) = 0$，对所有的$i, j = 1, \cdots, n$和$t, s = 1, \cdots, T$，$i \neq j$，$t \neq s$都成立。FA-VAR方程（式（6.2））和动态因子方程（式（6.3））是描述TVP-FA-VAR模型的主体部分。下面简要描述模型参数及其动态特征。

为便于估计，这里假设协方差矩阵为对角矩阵的形式，由此可由下述单变量回归方程来估计方程（式（6.3））的参数，其中，$i = 1, \cdots, n$。

$$x_{i,t} = \lambda_{i,t}^f f_t + \lambda_{i,t}^r r_t + u_{i,t} \quad (6.4)$$

这里$u_{i,t} \sim N(0, \exp(h_{i,t}))$。

由于方程（6.2）的VAR系统由因子与r_t所构成，借鉴关于估计大型参数化协方差矩阵方法的研究（Pourahmadi，1999，Cogley和Sargent，2001，Pirmiceri，2005等），可利用三角矩阵来简化因子误差的协方差矩阵为：

$$A_t \Omega_t A_t' = \sum_t \sum_t' \quad (6.5)$$

亦可表示为：

$$\Omega_t = A_t^{-1} \sum_t \sum_t' (A_t'^{-1}) \quad (6.6)$$

其中，$\sum_t = diag(\sigma_{1,t}, \cdots \sigma_{k+1,t})$，$A_t$的形式如下：

$$A_t = \begin{bmatrix} 1 & 0 & \cdots & 0 \\ a_{21,t} & 1 & \ddots & \vdots \\ \vdots & \ddots & \ddots & 0 \\ a_{(k+1)1,t} & \cdots & a_{(k+1)k,t} & 1 \end{bmatrix} \quad (6.7)$$

将方程（式（6.2））中的所有参数堆栈在向量$B_t = (b_{1,t}', \cdots, b_{p,t}')$，

$\log\sigma_t=(\log\sigma'_{1,t},\cdots,\log\sigma'_{p,t})$ 和 $a_t=(a'_{j1,t},\cdots,a'_{j(j-1)k,t})$ 中，$j=1,\cdots,k+1$，并假设漂移变量集合 $\lambda_{i,t}$，$h_{i,t}$，B_t，a_t 和 $\log\sigma_t$ 遵从随机游走，同时加入混合特征（Giordani和Kohn，2006）。具体表征如下：

$$\lambda_{i,t}=\lambda_{i,t-1}+J^{\lambda}_{i,t}\eta^{\lambda}_t \quad (6.8)$$

$$h_{i,t}=h_{i,t-1}+J^{h}_{i,t}\eta^{h}_t \quad (6.9)$$

$$B_t=B_{t-1}+J^{B}_{i,t}\eta^{B}_t \quad (6.10)$$

$$a_t=a_{t-1}+J^{a}_{i,t}\eta^{a}_t \quad (6.11)$$

$$\log\sigma_t=\log\sigma_{t-1}+J^{\sigma}_{i,t}\eta^{\sigma}_t \quad (6.12)$$

其中，$\eta^{\theta}_t\sim N(0,Q_\theta)$ 是互不相关的创新向量，其中，Q_θ 是与参数 $\lambda_{i,t}$，$h_{i,t}$，B_t，a_t 和 $\log\sigma_t$ 有关的创新协方差矩阵，定义 $\theta\in\{\lambda_i,h_i,B,a,\log\sigma\}$。这里我们假定式（6.2）~式（6.8）的误差项不存在序列相关性，以防止系统中出现大量的待估参数。

随机变量 J^{θ}_t 是0/1型随机变量，各自控制时变参数创新误差的结构突变（“跃迁功能”）。该设定实现了用数据选取状态，即时变参数（当且仅当 $J^{\theta}_t=1\forall t=1,\cdots,T$）或是常参数（当且仅当 $J^{\theta}_t=0\forall t=1,\cdots,T$）决定了当期数据所适用的行为方程。另外，系统还存在少许除了上述极端情况外的中间状态，即 $J^{\theta}_t=1$ 只对少数几个时点成立。而对于模型参数在不同时点上状态属性的检测，可由基于边缘似然法的贝叶斯测试来完成（Koop，2009）。

此外，模型还需要进行以下说明。其一，根据每个变量 $x_{i,t}$, $i=1,\cdots,n$ 独立的估计方程（式（6.4））对 λ_t 的每一行定义一个突变指标J，则有 $J^{\lambda}_{i,t}\neq J^{\lambda}_{j,t}$, $i,j=1,\cdots,n$, $i\neq j$。其二，若利用状态空间方法对 $(k-1)*k/2$ 个向量 a_t 中的元素进行有效估计，则状态协方差矩阵 Q_a 是分块矩阵且每块状态系数独立的附加条件是必要的。这就要求 A_t 中同一行的参数 $a_{ij,t}$ 构成每块子矩阵。随后我们有了k个分块 $a^{block\ 1}_t=\{a_{21,t}\}$，$a^{block\ 2}_t=\{a_{31,t},a_{32,t}\},\cdots,a^{block\ k}_t=\{a_{(k+1)1,t},\cdots,a_{(k+1)k,t}\}$，且协方差矩阵 Q_a 对角线上的每一个分块都具有了各自的维度。

据此TVP-FA-VAR模型的估计便可完成。按照上述步骤，本章首先搜集与整理相关的宏观因子，且鉴于部分数据获取的局限性，设定样本起止时间为2004年1月—2017年6月。为获得经济波动的宏观成分，我们共使用了49条宏观经济序列来进行分析。[①]随后，我们要根据上述基础因子提取反映中国实际经济状况的代表性宏观因子，提取标准是累计方差贡献度达到85%，具体如图6-1所示。

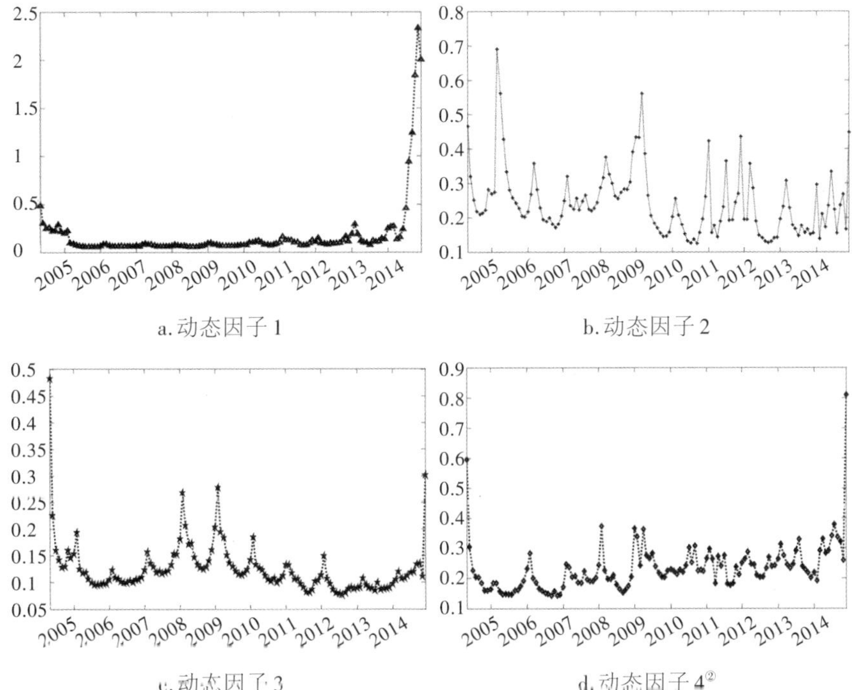

a.动态因子1　　b.动态因子2

c.动态因子3　　d.动态因子4[②]

图6-1　动态因子

动态因子的估计结果显示，前两个因子的累计方程贡献度即高达89%，因此后文不再对其他变量进行动态因子提取。此外，考虑到VAR

① 提取动态因子过程中所使用的全部数据一览：流通中现金M0同比增长率，货币M1同比增长率，货币和准货币M2同比增长率，第一产业增加值，第二产业增加值，第三产业增加值，国内生产总值，财政收入，财政支出，公共税收，进口额，出口额，净出口额，住宿和餐饮业增加值，批发和零售业增加值，建筑业增加值，交通运输和仓储业增加值，工业增加值，房地产业增加值，第一产业固定资产投资完成额，第二产业固定资产投资完成额，第三产业固定资产投资完成额，社会消费品零售总额，消费者预期指数，活期存款，定期存款，个人存款，其他存款，M0期末余额，M1期末余额，M2期末余额，宏观预警指数，宏观一致合成指数，宏观滞后合成指数，宏观先行合成指数，消费者预期指数，国房景气指数，银行间同业拆借加权平均利率（隔夜、7天期、8~14天、15~20天、1月、2月、3月），居民消费价格指数，商品零售价格指数，工业品出厂价格指数，农产品价格指数，外汇储备期末存量，共49条原始数据（非货币供应总量类数据均经过了季节调整与平减）。

② 图中4个动态因子对49个观测序列的拟合优度高达98%，因此笔者不再进行残余因子提取，而其中前两个动态因子能够反映的宏观基本信息就高达91%，所以在后文的分析中，笔者只将前两个动态因子纳入TVP-FA-VAR模型进行参数估计。

模型识别问题，在TVP-FA-VAR模型估计时，我们仅将前两个因子融入待估计系统。前者在样本后期急剧攀升，与经济景气变动方向相反，可以作为经济景气变动的反向指标，而后者与通货膨胀的走势高度耦合，因此可以看作价格波动因子。二者均具有一定的代表性和经济意义。

6.3.2 社会融资规模冲击的时变脉冲响应分析

本节将继续使用时变脉冲响应函数分析不同种货币政策工具对经济变量的时变影响机制。图6-2是GDP对社会融资规模冲击的等间隔脉冲响应函数。观察图6-2不难发现，首先，三条曲线在样本初期位于0线下方，而在样本后期与0线较为接近，表明样本期间内社会融资规模变动对GDP的影响具有明显的时变特征。其次，就三条曲线的位置而言，实线与0线最为接近，虚线次之，而点线距0线最远，表明社会融资规模对GDP的影响具有长记忆性，其影响强度会随着时间的推移而增强。最后，观察三条曲线在样本期间内的走势不难发现，三者均在110期（2013年初）附近穿越0线，这说明社会融资规模对GDP的影响在样本期间内发生了结构性改变。在样本前期，社会融资规模上升通常会引起经济紧缩，而在样本后期，社会融资规模上升则会拉动经济增长。这主要是因为在样本初期，社会融资规模的变动更多是由传统货币指标变动所引致的（如各项贷款等），并且在这一时期，国有企业是传统货币的主要吸收者，但国有企业具有投资效率低等固有缺陷，导致资金使用效率低下，乃至经营亏损，这最终导致经济紧缩。相比而言，在2013年以后，我国民营资本迅速崛起，银行体系同业业务、民间资本直接融资迅速发展，在极大程度上激发了市场活力和资金配置效率，进而能够显著地拉动经济增长。因此，政府和有关部门应高度重视民间资本融资和发展民营企业对经济的支撑作用，切实做到降低民间资本融资门槛，加强金融服务的多元化，提升小额金融服务的可得性，并从根本上改善由二元金融结构引发的金融排斥。

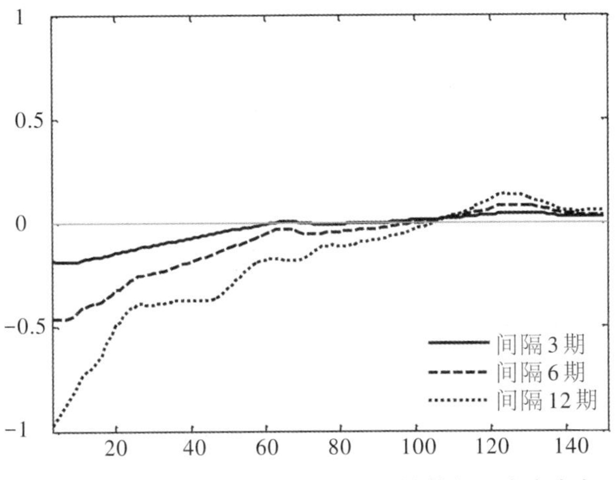

图6-2　GDP对社会融资规模冲击的等间隔脉冲响应

随后进一步选取典型化时点下的时点脉冲响应函数来加以验证。图6-3是GDP对社会融资规模冲击的时点脉冲响应函数，这里选取18期（2005年6月）、54期（2008年6月）、138期（2015年6月）作为样本期间内的典型化时点，并分别用实线、虚线和点线表示。观察图6-3可以看出，实线和虚线位于0线下方，而点线位于0线上方，说明样本期间内，社会融资规模对GDP的影响发生了结构性转变。此外，由于实线距离0线较远而虚线距离0线较近，这说明样本期间内，社会融资规模作为数量型货币中介指标的有效性在不断增强。进一步观察三者的形态可以发现，三者在冲击期内均呈现持续扩张态势，这说明社会融资规模的变动对GDP具有长期影响，因此，政府和货币当局在使用社会融资规模时应较为审慎，从而防止过度调控对经济产生不利影响。最后，观察不同时期下，社会融资规模对GDP的调控力度不难发现，尽管现阶段社会融资规模上升能够拉动经济增长，但是其对GDP的影响力度较为微弱，这说明“新常态”下的经济紧缩风险并非短期内的经济波动，它是经济长期保持高速增长后的趋势性下移，而仅通过政策刺激对现阶段的宏观经济产生的影响较为有限，因此，政府和有关部门仍应将工作重点致力于提高增长质量和维持经济稳定，而不应过度采取政策刺激来拉动经济复苏。

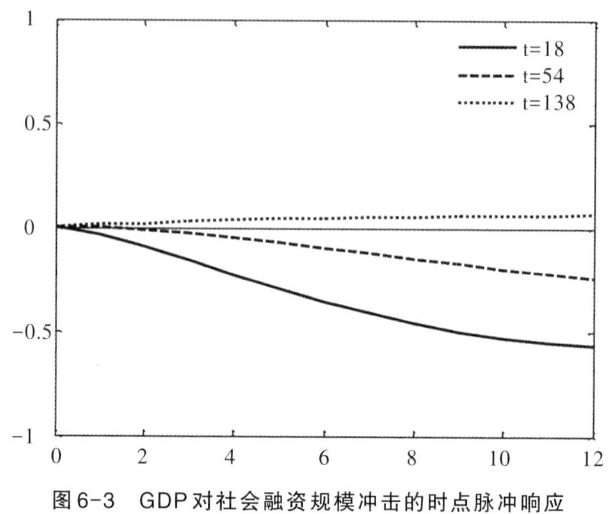

图6-3 GDP对社会融资规模冲击的时点脉冲响应

为了进一步探究调节社会融资规模对宏观经济的影响情况，除上文所述GDP之外，本节还选取CPI、资产价格等指标作为宏观经济的代理变量，分别用上述两种形式的脉冲响应函数就它们对社会融资规模变动的反应情况进行分析，得到的结果如图6-4至图6-7所示。

图6-4描述的是在等间隔条件下，CPI对社会融资规模冲击的脉冲响应结果。观察图中的三条曲线可以发现：首先，在样本区间内，CPI对社会融资规模冲击的响应情况随样本点的变化而变化，这说明社会融资规模变动对CPI的影响具有明显的时变特征。其次，观察曲线的位置能够看出，在样本初期，间隔3期与间隔6期的曲线位于0线上方，而间隔12期的曲线位于0线下方，这说明在样本初期CPI对社会融资规模冲击的反应是不收敛的，虽然短期内可以通过增加社会融资规模来提升居民的消费水平，但从长期角度来看却存在着较大的副作用，引发通货紧缩。为了更好地维持物价稳定，政府部门要谨慎地使用与社会融资规模相关的货币政策。最后，观察曲线的走势不难发现，在样本的中后期，三条曲线的变化趋势基本相同，均从0线上方逐渐穿越到0线下方。这说明CPI对社会融资规模冲击的响应情况发生了根本上的改变，由之前的社会融资规模的增加导致物价水平的上升，逐渐演变成现在的社会融资规模的增加引起物价水平的下降。这主要是因为随着金融市场化进程的不断加快，投资者对虚拟经济的投

资热情高涨，而对实体经济的投资则相对冷淡。尽管社会融资规模在不断增大，但是货币并没有转化为生产资本用于扩大再生产，而是在银行与金融体系之间进行多次空转，导致大量货币资金从实体经济领域流向虚拟经济领域，出现“脱实向虚”现象。这种现象不但会影响实体经济的发展，也会削弱货币政策的调控效果。为此，政府部门在努力提升社会融资规模增速、促进经济增长的同时，还应把握好实体经济与虚拟经济之间的平衡，优化融资结构，促进“脱实向虚”资金归位。

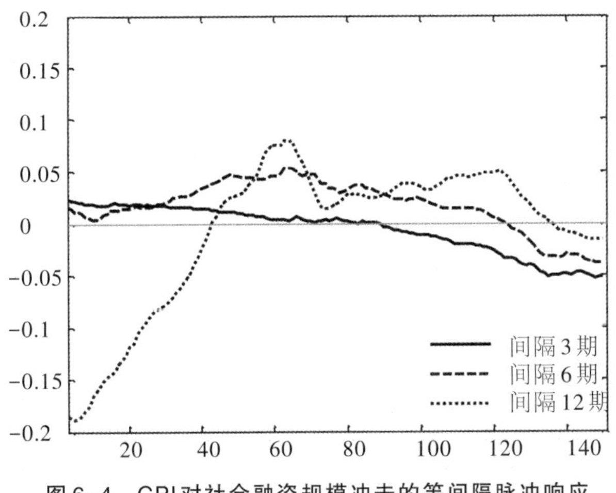

图6-4 CPI对社会融资规模冲击的等间隔脉冲响应

图6-5描述的是在不同时点下，CPI对社会融资规模冲击的脉冲响应结果。观察图中的三条曲线不难发现：在样本初期，三条曲线均位于0线下方，说明当社会融资规模产生一单位冲击时，CPI会立即对该冲击产生负向响应，经过1个月左右的时间，负向响应程度达到最大。而在样本中期，三条曲线会从下方逐渐靠近0线，其中实线、虚线更是穿越0点来到0线上方，这说明社会融资规模最初对CPI所产生的负向影响在慢慢减弱，随着时间的推移，居民消费指数开始缓步上升，这是因为社会融资规模的快速增长会使得投资增加、货币流动性释放，最终导致物价水平平稳上涨。在样本后期，三条曲线的走势出现了较大差异，其中实线从上方穿过0点来到0线下方，且距离0线越来越远，说明在2005年左右，社会融资规模的变动对CPI造成长期发散的影响，用社会

融资规模来调节物价水平后期会产生较大的副作用。图中虚线在样本后期始终位于0线上方且走势平缓，说明在2008年左右，社会融资规模增速的加快会使CPI在之后的较长时间里匀速上升，有导致通货膨胀的危险，不利于维持物价水平稳定。图中的点线则一直位于0线下方，并逐渐向0点收敛，这表示在2015年左右，增大社会融资规模导致居民消费指数的下降，这与经济学原理相悖，说明目前我国经济“脱实向虚”现象严重，用社会融资规模来调节物价的政策已经开始失效。在现阶段，金融资产的品种不断增多，规模不断扩张，单纯地用反映普通商品和劳务价格的居民消费指数已经无法准确全面地反映经济发展情况。因此，为维持金融稳定和经济增长，有必要就社会融资规模对资产价格波动的影响进行研究。

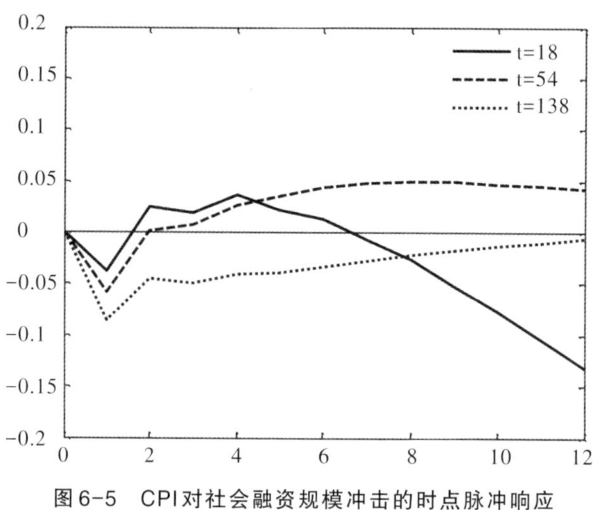

图6-5 CPI对社会融资规模冲击的时点脉冲响应

图6-6是在等间隔条件下，资产价格对社会融资规模冲击的脉冲响应结果。首先，从曲线的形状来看，三条曲线都存在着不同程度上的波动，说明资产价格对社会融资规模冲击的响应情况具有时变特征。其次，从曲线的位置来看，实线位于0线上方且距离0线较近，而虚线和点线则位于0线下方且距离0线较远，说明当社会融资规模产生一单位冲击时，资产价格会先作出轻微的正向响应，随后出现负向响应，且持续时间较长，也就是说，社会融资规模的增加短期内会使资产价格上升，但从长期来看，却会令资产价格降低，且降低的幅度要大于前期所

上升的幅度。这表明用加速扩大社会融资规模的方式去刺激资产价格上涨，不仅收效甚微还会出现大幅反弹。

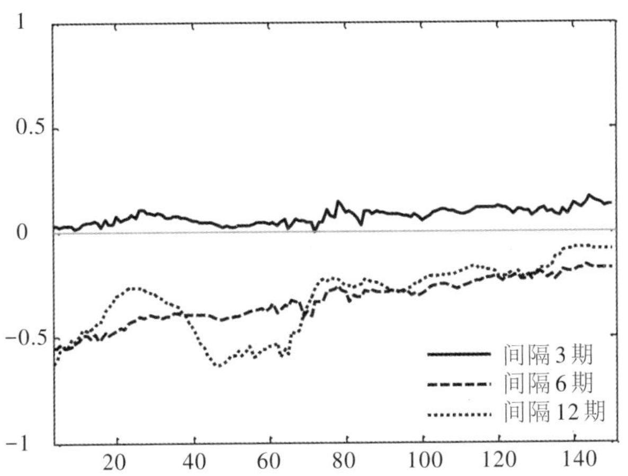

图6-6　资产价格对社会融资规模冲击的等间隔脉冲响应

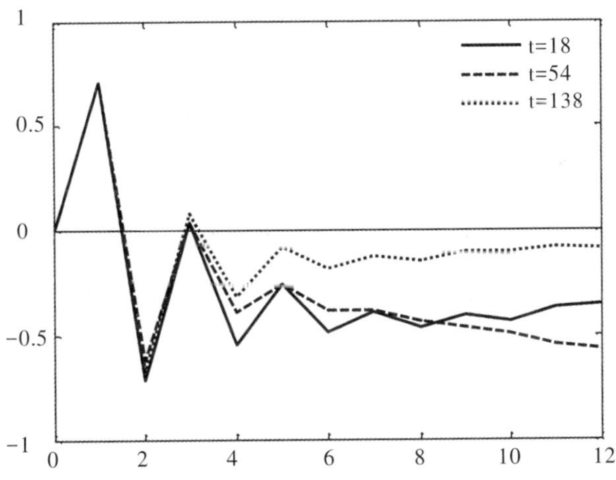

图6-7　资产价格对社会融资规模冲击的时点脉冲响应

图6-7是资产价格对社会融资规模冲击的时点脉冲响应。从图中不难看出三条曲线的变化趋势基本一致。在样本初期，当社会融资规模产生一单位冲击时，资产价格会迅速产生正向响应，达到极值后又立即出现几乎同等程度的负向响应，随后又快速地返回0点。在样本中期，三条曲线均在0线与负向极值之间来回波动。而在样本后期，三条曲线的走势略有差异，其中虚线在波动后开始逐渐远离0线，而实线与点线则

在波动中慢慢向0线收敛，且点线与0线的距离相对较近，而实线与0线的距离相对较远。这说明资产价格对社会融资规模冲击的响应较为复杂，当社会融资规模增大时，资产价格会立即随之上涨，但是随后价格又开始快速回落，且在较长时间里资产价格都会持续下降。因此政府部门要考虑社会融资规模对资产价格的复杂影响，合理调控社会融资规模，避免对资产价格造成长期不利影响。

6.3.3 三种中介指标冲击的响应情况对比

为更好地对比M2、利率、社会融资规模三种货币政策中介指标的调控效果，本节依次以GDP、CPI和资产价格为货币政策的最终目标，选用2015年6月为典型时点，用TVP-FA-VAR模型模拟了几种货币政策的调控效果，其结果如图6-8至图6-10所示。

图6-8是GDP对社会融资规模、M2和利率冲击的时点脉冲响应。从图中我们可以清楚地看到，当分别给社会融资规模、M2和利率一单位冲击时，GDP在之后的12个月内对该冲击的动态调整路径。首先，观察三条曲线的位置不难发现，实线和虚线位于0线上方，而点线则位于0线下方，说明当社会融资规模或M2增加时，GDP会随之上升。这是因为人民币贷款、直接融资以及货币供应量等的增加，带动了投资者的投资热情，促进了实体经济的蓬勃发展，有利于提高国内生产总值。而利率的上升则会导致GDP的下降，这是因为银行调高贷款利率会使贷款需求减少，经济发展放缓，最终导致GDP下降。其次，观察三条曲线的走势可以发现，实线在样本区内始终保持着均匀缓慢上升的状态，说明GDP对社会融资规模冲击的反应较为稳定，当社会融资规模增大时，GDP会逐渐上升，且随着时间的推移，社会融资规模对GDP的影响效果也在不断加大。而虚线的走势与实线略有不同，其在样本初期先达到一定的高度，再逐渐平稳地减弱，这说明在M2冲击刚出现时，GDP对其的响应程度较大，但随着时间的推移，这种响应会慢慢减弱。而点线则是在样本初期停留在0线附近，随后才开始出现负向响应，且响应的程度随时间的增加而不断扩大，这说明当以利率为中介指标时，GDP对该政策的调控存在滞后现象且副作用较

大，不宜控制，相比之下M2和社会融资规模的调控效果比较适中，更适合作为中介目标。当政府部门想让GDP匀速稳定上升时，可以选用社会融资规模，而当其希望GDP能够迅速达到预期水平时，可以选择对M2进行调节。

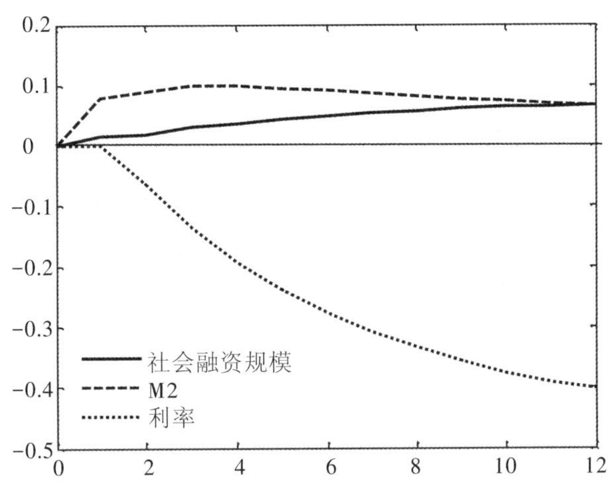

图6-8 GDP对三种货币政策中介指标的时点脉冲响应

图6-9中的三条曲线分别描述的是CPI对社会融资规模、M2和利率冲击的时点脉冲响应。观察图中曲线的位置可以发现，虚线和点线位于0线上方，而实线位于0线下方，也就是说，当社会融资规模、M2和利率各产生一单位冲击时，CPI对利率和M2冲击的响应为正，对社会融资规模的响应为负。而在通常情况下，当银行上调名义利率时，由于储蓄增加，贷款减少，会导致物价水平上升。而图中虚线则表示利率上升会使物价上涨，这与经济学原理相悖。此外，社会融资规模的增大本应使CPI增加，而图中实线却位于0线下方，代表社会融资规模的扩大会使物价水平下降，这也与经济学原理不符。图中的虚线所描述的M2对CPI的影响虽然与经济学原理相符，但是观察曲线的形状可以发现，在样本中后期，虚线始终与0线保持一定的距离，说明调节M2将会给物价水平带来长期影响，不利于后续操控，由此可见，现阶段的物价低迷是结构性需求降低等原因引致，通过短期的政策刺激难以收到良好效果。

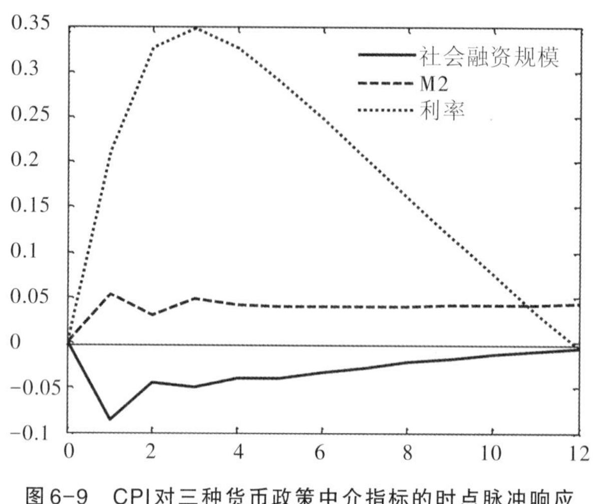

图6-9 CPI对三种货币政策中介指标的时点脉冲响应

图6-10描述的是资产价格对社会融资规模、M2和利率冲击的时点脉冲响应，观察三条曲线的形状不难发现，实线与虚线在样本区间内的走势大致相同，均在样本初期出现正向响应，随后又变为负向响应，在样本中后期，则从负向逐渐向0线附近收敛。这表示当社会融资规模或M2增加时，资产价格会在冲击初期有所上升，但随后开始下降，且下降期持续时间较长。图中的点线则是在样本初期迅速产生正向响应，且响应的程度远高于实线和虚线，约为前两者的4倍，随后正向响应逐渐减弱在样本中期附近穿过0线变为负向响应，且在样本后期始终位于0线下方并逐渐向0线靠近，但收敛速度要明显小于实线和虚线。这表示利率的增加会对资产价格产生巨大影响，使资产价格在短期内迅速攀升，但后期又会出现较长时期的副作用，使资产价格开始减小。综合三条曲线来看，政府部门在调节资产价格时，若以利率为操作工具，在调控初期可以迅速收到良好的效果，但后期会出现较长时间的副作用，而当以M2或社会融资规模作为调控工具时，政策奏效后虽会有小规模的反弹，但随后即可恢复正常。

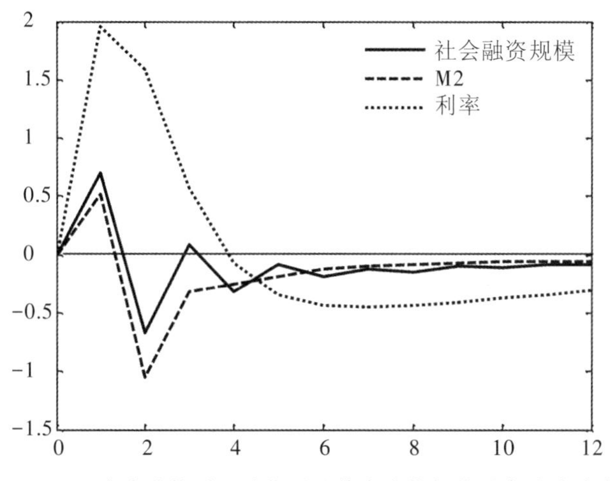

图6-10　资产价格对三种货币政策中介指标的时点脉冲响应

6.4　本章小结

一直以来我国货币当局都将货币供应量和新增人民币贷款作为货币政策中介目标和监测分析指标来制定和执行货币政策，但随着近年来金融市场的蓬勃发展，融资手段变得更加多元化，融资结构也发生了根本性改变，传统的货币供应量和新增人民币贷款等统计指标不再能满足货币政策的需要来全面准确地反映金融与经济的关系。因而我国宏观调控在2011年引入了一个新的指标概念——社会融资规模，其统计范围涵盖了商业银行表内、表外业务，银行机构、非银行金融机构以及直接融资对企业提供的资金支持，能够更加完整地反映整体社会融资状况，体现金融与经济的勾稽关系。基于上述原因，本章对社会融资规模作为货币政策中介目标的有效性进行了深入的研究，并开创性地构建TVP-FA-VAR模型，将时变特征纳入考量，弥补了传统VAR模型常参数假定的不足。

为探究社会融资规模能否作为货币政策的中介目标，本章首先对比了M2、新增人民币贷款、名义利率和社会融资规模等指标与宏观经济指标的关联性，选取GDP同比增长率、CPI以及资产价格收益率作为宏观经济的代表变量，并与上述四种中介目标依次进行相关性分析、Granger因果检验和协整关系检验；随后本书建立TVP-FA-VAR模型，并分别用等间隔脉冲和时点脉冲两种不同形式的响应函数刻画了社会融资规模变动的宏观经济效应；最后，本章利用TVP-FA-VAR模型将社会融资规模、利率和M2等三种货币政策中介目标进行对比，深入地分析了GDP、CPI和资产价格等变量对社会融资规模、利率和M2等货币政策中介目标冲击的脉冲响应效果。主要得到以下几点结论：

首先，若以GDP为最终目标，对比社会融资规模、利率和M2的调控效果，可以发现当以利率为中介指标时，GDP对该政策的调控存在滞后现象且副作用较大，不宜控制，相比之下M2和社会融资规模的调控效果比较适中，更适合作为中介目标。社会融资规模上升会拉动经济增长，且影响具有长记忆性，会随着时间的推移而增强，但是在经济新常态时期，社会融资规模变动对GDP的影响力度较为微弱，因此，政府和有关部门仍应将工作重点致力于提高增长质量和维持经济稳定，而不应过度采取政策刺激来拉动经济复苏。

其次，从本章的分析结果可以看出，CPI对利率、社会融资规模变动的响应情况与经济学原理相悖，而M2对CPI的影响虽然与预期相符，但调节M2将会给物价水平带来长期影响，不利于后续操控。另外，随着金融资产的品种不断增多，规模不断扩张，单纯地用反映普通商品和劳务价格的居民消费指数已经无法准确全面地反映经济发展情况，且我国经济“脱实向虚”现象的出现也导致广义货币与实体经济的关联性不断弱化，大大削弱了货币政策的调控效果。因此，现阶段的物价低迷可能是由结构性需求降低等原因引致，通过短期的政策刺激难以收到良好效果。而政府部门还应注重实体经济与虚拟经济的协同发展，努力优化融资结构，促进“脱实向虚”资金归位。

最后，政府部门在调节资产价格时，若以利率为操作工具，在调控初期可以迅速收到良好的效果，但后期会出现较长时间的副作用，而当以增大M2或社会融资规模的方式去刺激资产价格上涨时，不仅收效甚微且后期还会伴随大规模的反弹。因此政府部门要考虑政策对资产价格的复杂影响，避免资产价格大幅波动。

综上，当以平抑产出波动为宏观调控的最终目标时，数量型货币政策工具对经济增长的调控作用更加有效。且随着M2对实体经济影响的逐渐弱化，人民币贷款占比的不断下降，社会融资规模越来越成为货币当局监管货币环境的重要参考依据。在我国货币政策体系转型的过程中，社会融资规模有望成为下一阶段的新型货币政策中介目标。

第7章 研究结论与展望

自2008年次贷危机发生后，经济波动愈演愈烈，金融风险日趋凸显，在我国当前面临经济驱动转移、结构优化和增速换挡等一系列新问题的阶段，关于经济周期波动的金融冲击影响机制的研究以及货币转型问题的探讨逐渐成为社会公众与学者们关注的焦点。实际上，近几年频繁发生的股市和房地产泡沫危机已充分证明：金融摩擦对我国经济波动的放大效应是不容忽视的，而发展和完善货币政策才能有针对性地实现对宏观经济的有效调控。有鉴于此，本书基于新常态时期我国经济波动的特征，分析了金融冲击因素区别于实体冲击对经济增速换挡产生的不同影响，同时为货币政策取向提供了清晰的认知和判断。具体而言，研究的主要结论如下：

第一，本书科学地划分出我国经济周期波动中出现的六个显著的经济收缩期，分别为1980Q1—1981Q3、1985Q1—1986Q4、1988Q1—1990Q1、1993Q2—1998Q4、2007Q2—2009Q1和2010Q2—2016Q2，这种划分与宏观经济景气指数趋势基本契合。根据对经济收缩期的相关描述性统计分析结果可知，经济目前处于筑底回升阶段，我国经济正处于经济结构调整和发展方式转变的关键时期，随着时间推移，经济波动收缩期的供需驱动因素也产生了变化。当前面临的实体冲击中，供给端因素对经济波动的作用较大，长期影响能力逐渐增强。其中，技术冲击在长期内对产出、消费和投资均产生显著的促进作用，且短期效应较为突出，技术变革或创新是加剧我国经济周期波动的核心因素。

第二，“金融加速器”效应存在于我国的金融市场中，当金融摩擦系数较低时，金融中介机构的资产杠杆率会随之提高，进而对金融市场产生更强的冲击放大作用，并向其他部门传导。金融冲击通过资产负债表渠道对经济波动产生影响，在金融冲击作用下，经济变量以缓慢的速度向稳态收敛，存在明显的滞后性。而货币政策在短期内反周期性调控效应突出，体现出短期内货币政策工具熨平经济波动的有效性。金融摩擦是由信息不对称所导致的成本上升所产生的，尽管现阶段在金融摩擦下金融冲击对我国经济波动的解释能力不强，但金融摩擦状况和“金融加速器”效应真实存在于我国经济市场当中，需要完善相关征信体系和法律保障政策。

第三，数量型货币政策在短期内可以有效地推动经济发展，但是在通胀过热时期，增加广义货币供给会产生远期福利约束，中央银行的增储行为在很大程度上导致了此阶段广义货币供给的激增，而增持外汇储备对流通中的现金无强烈影响，这弱化了其对经济的调控效应，并最终造成对总产出的挤出。因此传统的数量型货币政策工具不再满足当前社会的实际发展需要，亟需转型。随着经济周期的更迭，货币当局的利率政策操作会随之产生不同的调控效应。当处于经济紧缩时期，利率政策的调控效果较好；当处于经济繁荣时期，利率的调整对宏观经济的调控效力较弱。但总体上价格型货币政策对产出的作用更为直接，收敛速度均较快。相较于数量型货币政策工具，价格型货币政策工具对宏观经济周期的调控效应更显著，可以更有效地防止经济失速下滑。另外，社会融资规模可以有效拉动经济增长，且具有长记忆性，有望成为新型的货币政策中介目标。

总结上述结论可知，我国经济正处于经济结构调整和发展方式转变的关键时期，当前面临的实体冲击中供给端因素对经济波动的作用较大，但随着金融市场结构的不断调整，未来金融摩擦的传导与放大效应会使金融冲击具有更重要的影响效力。由于当前金融市场制度和体系尚未完善，因此货币政策的合理实施可以有效抑制这种放大作用。而传统的数量型货币政策工具调控经济较为复杂，货币政策需要由“量”向“价”转型，这是一个渐进的过程。政府在制定相关政策以促进经济发展时，不能只依靠扩大总需求，而是应当充分重视对供给端管理政策的制定和完善。技术变革是供给端管理的首要任务，应当积极鼓励技术创新并推出相关支持政策。尽管供给方面政策需要得到高度重视，但也不能忽视对总需求的管理，应适当刺激总需求来实现短期内对经济的促进和稳定作用。另外，当前我国的金融市场体系和相关制度尚不完善，应充分考虑金融摩擦和“金融加速器”对宏观经济波动的重要影响，因此有必要制定相应法律来强化征信体系，加强完善我国金融市场体系和相关制度，实现对市场变动的事前调整。为了防止经济衰退和维持均衡稳定发展，需有效发挥价格型货币政策工具对宏观经济的调控作用，名义利率的预调和微调可以作为现阶段货币当局的有效调控手段，货币当局应当从我国经济发展的具体情况出发，全面掌握货币政策转型理论，总体规划货币政策转型方案，明确转型目标、实施框架和具体规则，并将社会融资规模作为货币当局监管货币环节的重要参考依据，建议将其作为创新型货币政策工具，使货币政策工具发挥出其结构性调控的功能。为防范经济运行中出现的系统性风险，政府在制定相关政策时应结合财政政策、货币政策等多种宏观经济政策综合施策。

本书对宏观经济周期波动的研究中仍然存在一些不足之处。例如，在对宏观经济波动的实体冲击和金融冲击因素的分析中构建了动态随机一般均衡模型，该模型在实际应用中存在一定的局限性，模型的参数具有主观性，可能会与微观经济数据出现偏差，模型本身也可能会出现度量误差和不确定性。另外，整体研究因为篇幅限制不够全面和细致。比如对于经济周期的研究不够深入，分析的时间跨度较短，仅从供给冲击、需求冲击和金融冲击的大方向进行比较笼统的分析，缺乏更为细致、具体的政策制度建议。在以后的研究中，会注意对DSGE模型中引入的各部门和参数设定的准确性的把握，并且基于跨周期的角度，对宏观经济波动的冲击因素在中长期的影响机制展开细致研究，结合货币政策的中长期与短期调控的影响的对比分析，提出相关政策建议，弥补传统逆周期调控对经济发展遗留下的“后遗症”所带来的缺陷性，实现宏观经济“稳中求进”发展。

参考文献

[1] 陈昆亭，龚六堂，邹恒甫．什么造成了经济增长的波动，供给还是需求：中国经济的RBC分析［J］．世界经济，2004（4）：3-11.

[2] 陈平，李拉亚．影子银行体系对货币政策的非对称效应分析［J］．生产力研究，2016（4）：40-44.

[3] 陈晓光，张宇麟．信贷约束、政府消费与中国实际经济周期［J］．经济研究，2010（12）：48-59.

[4] 楚尔鸣，许先普．消费习惯偏好、政府支出扩张与产出效应［J］．财贸经济，2013，34（8）：27-37.

[5] 戴华娟，陈乐一，王超．双重金融摩擦与宏观审慎政策的经济稳定效应——基于动态随机一般均衡模型的分析［J］．国际金融研究，2021（9）：14-24.

[6] 杜清源，龚六堂．带“金融加速器”的RBC模型［J］．金融研究，2005（4）：16-30.

[7] 樊元，龙飞．基于FECM模型的社会融资规模对我国宏观经济影响的测度［J］．应用泛函分析学报，2014，16（1）：18-25.

[8] 方福前．当代西方经济学主要流派［M］．北京：中国人民大学出版社，2014.

[9] 龚敏，李文溥．中国经济波动的总供给与总需求冲击作用分析［J］．经济

研究，2007（11）：32-44.

［10］ 郭立甫，姚坚，高铁梅．基于新凯恩斯DSGE模型的中国经济波动分析［J］．上海经济研究，2013（1）：23-35.

［11］ 郭丽虹，张祥建，徐龙炳．社会融资规模和融资结构对实体经济的影响研究［J］．国际金融研究，2014（6）：66-74.

［12］ 郭忠军．社会融资规模监测的早期实践：人行济南分行案例［J］．金融发展研究，2011（8）：45-50.

［13］ 黄桂田，赵留彦．供给冲击、需求冲击与经济周期效应——基于中国数据的实证分析［J］．金融研究，2010（6）：1-16.

［14］ 简志宏，朱柏松，李霜．动态通胀目标、货币供应机制与中国经济波动——基于动态随机一般均衡的分析［J］．中国管理科学，2012，20（1）：30-42.

［15］ 焦琦斌，应千凡，游碧芙．社会融资总量与货币政策有效性实证研究［J］．金融发展评论，2012（5）：45-56.

［16］ 康立，龚六堂．金融摩擦、银行净资产与国际经济危机传导——基于多部门DSGE模型分析［J］．经济研究，2014（5）：147-159.

［17］ 李成，马文涛，王彬．通货膨胀预期与宏观经济稳定：1995—2008——基于动态随机一般均衡模型的分析［J］．南开经济研究，2009（6）：30-53.

［18］ 李春吉，孟晓宏．中国经济波动——基于新凯恩斯主义垄断竞争模型的分析［J］．经济研究，2006（10）：72-82.

［19］ 李建军，戴应亭，陈静文．社会融资总量与宏观金融调控［J］．新疆财经，2012（2）：18-25.

［20］ 李霜．动态随机一般均衡下中国经济波动问题研究［D］．武汉：华中科技大学，2011.

［21］ 林松．当前我国中央银行货币政策工具选择偏好分析［J］．商业时代，2011（35）：59-61.

［22］ 刘斌．我国DSGE模型的开发及在货币政策分析中的应用［J］．金融研究，2008（10）：1-21.

［23］ 刘金全，郑挺国．我国货币政策冲击对实际产出周期波动的非对称影响分析［J］．数量经济技术经济研究，2006（10）：3-14.

［24］ 刘金全，王译兴，刘子玉．新常态下的中国经济周期波动——基于金融摩擦视角的实证研究［J］．商业研究，2017（6）：107-114.

［25］ 刘震，牟雯波．金融周期的测度与驱动因素分解［J］．统计与决策，2020，36（21）：145-149.

［26］ 龙少波，张梦雪，厉克奥博．中国货币政策框架转型下的多目标混合型规

则研究［J］．中央财经大学学报，2021（10）：77-93.

［27］ 吕朝凤，黄梅波．习惯形成、借贷约束与中国经济周期特征——基于RBC模型的实证分析［J］．金融研究，2011（9）：1-13.

［28］ 吕光明．供求冲击与中国经济波动：基于SVAR模型的甄别分析［J］．统计研究，2009（7）：20-27.

［29］ 马勇，冯心悦，田拓．金融周期与经济周期——基于中国的实证研究［J］．国际金融研究，2016（10）：3-14.

［30］ 欧阳志刚，史焕平．中国经济增长与通胀的随机冲击效应［J］．经济研究，2010（7）：68-78.

［31］ 潘文卿，娄莹，李宏彬．价值链贸易与经济周期的联动：国际规律及中国经验［J］．经济研究，2015（11）：20-33.

［32］ 盛松成．社会融资规模与货币政策传导［J］．金融研究，2012（10）：1-14.

［33］ 隋建利，刘金全，庞春阳．基于太阳黑子冲击视角的中国货币政策有效性测度［J］．管理世界，2011（9）：40-52.

［34］ 仝冰．货币、利率与资产价格——基于DSGE模型的分析和预测［D］．北京：北京大学，2010.

［35］ 王彬，马文涛，刘胜会．人民币汇率均衡与失衡：基于一般均衡框架的视角［J］．世界经济，2014（6）：27-50.

［36］ 王君斌，郭新强，蔡建波．扩张性货币政策下的产出超调、消费抑制和通货膨胀惯性［J］．管理世界，2011（3）：7-21.

［37］ 王立勇，张代强，刘文革．开放经济下我国非线性货币政策的非对称效应研究［J］．经济研究，2010（9）：4-16.

［38］ 王少林，林建浩，李仲达．中国货币政策透明化的宏观经济效应——基于PTVP-SV-FAVAR模型的实证研究［J］．财贸经济，2014（12）：64-74.

［39］ 王燕武，王俊海．中国经济波动来源于供给还是需求——基于新凯恩斯模型的研究［J］．南开经济研究，2011（1）：24-37.

［40］ 王云清．中国经济波动问题的数量分析［D］．上海：上海交通大学，2013.

［41］ 王云清，朱启贵．中国财政扩张对居民消费、投资和通货膨胀的动态效应研究［J］．南开经济研究，2012（6）：116-132.

［42］ 汪川．新常态下我国货币政策转型：经验与措施［J］．新金融，2015（4）：12-17.

［43］ 汪洋．社会融资规模指标是否有价值［J］．当代财经，2014（10）：47-56.

[44] 夏斌，廖强．货币供应量已不宜作为当前我国货币政策的中介目标［J］．经济研究，2001（8）：33-43.

[45] 谢平，罗雄．泰勒规则及其在中国货币政策中的检验［J］．经济研究，2002（3）：3-12.

[46] 徐高．基于动态随机一般均衡模型的中国经济波动数量分析［D］．北京：北京大学，2008.

[47] 许珊珊．经济“新常态”下中国货币政策框架转型研究［D］．蚌埠：安徽财经大学，2016.

[48] 许先普．中国货币政策的结构效应及其协调性研究［D］．湘潭：湘潭大学，2014.

[49] 杨秀萍，李万强．从信贷总量控制到社会融资规模监测——货币调控新举措初探［J］．特区经济，2011（12）：65-68.

[50] 尹继志．社会融资规模的内涵、变化与政策调控［J］．经济体制改革，2013（1）：117-121.

[51] 余建干，吴冲锋．金融冲击、货币政策规则的选择与中国经济波动［J］．系统工程理论与实践，2017，37（2）：273-287.

[52] 余永定．社会融资总量与货币政策的中间目标［J］．国际金融研究，2011（9）：4-8.

[53] 袁吉伟．总供给冲击、总需求冲击与我国经济波动关系的实证研究［J］．湖北经济学院学报，2013（1）：19-24.

[54] 元惠萍，刘飒．社会融资规模作为金融宏观调控中介目标的适用性分析［J］．数量经济技术经济研究，2013，30（10）：94-108.

[55] 张春生．社会融资规模适合作为货币政策中介目标吗［J］．上海金融，2013（3）：52-56.

[56] 张春生，蒋海．社会融资规模适合作为货币政策中介目标吗：与M2、信贷规模的比较［J］．经济科学，2013（6）：30-43.

[57] 张和英．“新常态”下我国货币政策转型的理论及政策分析［J］．商场现代化，2017（16）：110-111.

[58] 张杰平．开放经济DSGE模型下我国货币政策规则的选择［J］．山西财经大学学报，2012，34（4）：18-28.

[59] 张前荣．利率市场化条件下我国货币政策转型的政策建议［J］．中国物价，2016（9）：14-17.

[60] 张嘉为，赵琳，郑桂环．基于DSGE模型的社会融资规模与货币政策传导研究［J］．财务与金融，2012（1）：1-7.

[61] 张龙．货币政策量价工具与宏观经济动态效应——兼论经济不确定性的货

币政策调控弱化效应［J］. 现代经济探讨，2020（9）：30-37.

［62］ 张屹山，张代强. 包含货币因素的利率规则及其在我国的实证检验［J］. 经济研究，2008（12）：65-74.

［63］ 张屹山，孟宪春，李天宇. 我国货币政策转型机制研究——基于国际经验视角［J］. 数量经济研究，2017，8（1）：14-28.

［64］ 张原，王珍珍，陈玉菲. 社会融资规模与实体经济增长的联动性研究［J］. 财政研究，2014（11）：54-57.

［65］ 赵振全，于震，刘淼. 金融发展与经济增长关联性研究分歧评析［J］. 社会科学辑刊，2009（5）：78-81.

［66］ 赵米芸，余力，张慧芳. 金融摩擦、违约冲击与中国经济波动［J］. 中央财经大学学报，2016（11）：76-83.

［67］ 郑挺国，黄佳祥. 中国宏观经济下行区间的冲击来源及其差异性分析［J］. 世界经济，2016（9）：28-52.

［68］ 钟言. 积极审慎推进货币政策转型［J］. 债券，2015（8）：6.

［69］ 朱培金. 金融杠杆、利率市场化与宏观经济波动——基于金融加速器框架下的DSGE模型研究［J］. 重庆大学学报（社会科学版），2017，23（3）：23-34.

［70］ BARRO R J. Inflationary finance under discretion and rules［J］. Canadian Journal of Economics，1983，16（1）：1-16.

［71］ BARRO J R，GORDON D B. A positive theory of monetary policy in a natural rate model［J］. Journal of Political Economy，1983，91（4）：589-610.

［72］ BERGE T J，JORDÀ O. Evaluating the classification of economic activity into recessions and expansions［J］. American Economic Journal，2011，3（2）：246-277.

［73］ BERNANKE B S，GERTLER M. Agency costs，net worth，and business fluctuations［J］. American Economic Review，1989，79（1），14-31.

［74］ BERNANKE B S，GERTLER M，GILCHRIST S. The financial accelerator in a quantitative business cycle framework［J］. Handbook of macroeconomics，1999，1：1341-1393.

［75］ BERNANKE B S，BOIVIN J，ELIASZ P. Measuring the effects of monetary policy：a factor-augmented vector autoregressive（FAVAR）approach［R］. National Bureau of Economic Research，2004.

［76］ CALVO G A. Staggered prices in a utility-maximizing framework［J］.

Journal of monetary Economics, 1983, 12 (3): 383-398.

[77] CALVALCANTI M F H. Credit market imperfection and the power of the financial accelerator: A theoretical and empirical investigation [J]. Journal of Macroeconomics, 2010, 32 (1), 118-144.

[78] CARLSTROM C T, FUERST T S. Interest rate rules vs. money growth rules a welfare comparison in a cash-in-advance economy [J]. Journal of Monetary Economics, 1995, 36 (2): 247-267.

[79] CARLSTROM C T, FUERST T S. Taylor rules in a model that satisfies the natural-rate hypothesis [J]. The American Economic Review, 2002, 92 (2): 79-84.

[80] CARLSTROM C T, FUERST T S. Agency costs, net worth, and business fluctuations: a computable general equilibrium analysis [J]. The American Economic Review, 1997: 893-910.

[81] CHANG C, LIU Z, SPIEGEL M M. Capital controls and optimal Chinese monetary policy [J]. Journal of Monetary Economics, 2015, 74: 1-15.

[82] CHRISTENSEN I, DIB A. The financial accelerator in an estimated new Keynesian model [J]. Review of Economic Dynamics, 2008, 11 (1): 155-178.

[83] CHRISTIANO L J, EICHENBAUM M. Current real-business-cycle theories and aggregate labor-market fluctuations [J]. The American Economic Review, 1992, 82 (3): 430-450.

[84] COGLEY T, SARGENT T J. Evolving post-world war Ⅱ U. S. inflation dynamics [R]. Working Papers, 2001: 331-373.

[85] ELEKDAG S, JUSTINIANO A, TCHAKAROV I. An estimated small open economy model of the financial accelerator [J]. IMF Staff Papers, 2006, 53 (2), 219-241.

[86] FLEMING J M. Domestic financial policies under fixed and floating exchange rates [R]. IMF Staff Papers, 1962 (9): 369-379.

[87] FRIEDMAN M. The role of monetary policy [J]. American Economic Review, 1968, 58 (1): 1-17.

[88] FRIEDMAN M, SCHWARTZ A J. Money and business cycles [J]. Review of Economics & Statistics, 1963, 45 (1): 32-64.

[89] FRIEDMAN M. The optimum quantity of money and other essays [M]. Chicago: The Aldine Press, 1969.

[90] GALÍ J, MONACELLI T. Monetary policy and exchange rate volatility in

a small open economy [J]. Review of Economic Studies, 2005, 72 (3): 707-734.

[91] GEIGER M. Monetary policy in China (1994—2004): target, instruments and their effectiveness [J]. Wurzburg Economic Papers, 2006, 68.

[92] GERTLER M, GILCHRIST S, NATALUCCI F M. External constraints on monetary policy and the financial accelerator [J]. Journal of Money, Credit and Banking, 2007, 39 (2-3): 295-330.

[93] GERTLER M, KARADI P. A model of unconventional monetary policy [J]. Journal of monetary Economics, 2011, 58 (1): 17-34.

[94] GERTLER M, KIYOTAKI N. Financial intermediation and credit policy in business cycle analysis [J]. Handbook of Monetary Economics, 2010, 3 (3): 547-599.

[95] GERTLER M, GILCHRIST S, NATALUCCI F M. External constraints on monetary policy and the financial accelerator [J]. Journal of Money, Credit and Banking, 2007, 39 (2): 295-330.

[96] GIORDANI P, KOHN R. Efficient Bayesian inference for multiple change-point and mixture innovation models [J]. Journal of Business & Economic Statistics, 2006, 26 (1): 66-77.

[97] GREENWALD B C, STIGLITZ E J. Financial market imperfections and business cycles [J]. The Quarterly Journal of Economics, 1993, 108 (1), 77-114.

[98] GREENWALD B, STIGLITZ E J, WEISS A. Informational imperfections in the capital market and macroeconomic fluctuations [J]. American Economic Review, 1984, 74 (2), 194-199.

[99] HAIRAULT J O, PORTIER F. Money, New-Keynesian macroeconomics and the business cycle [J]. European Economic Review, 1993, 37 (8): 1533-1568.

[100] HE Z, KRISHNAMURTHY A. A model of capital and crises [J]. The Review of Economic Studies, 2012, 79 (2): 735-777.

[101] Hicks J R. Mr. Keynes and the classics: a suggested interpretation [J]. Econometrica, 1937, 5 (2): 147-159.

[102] IACOVIELLO M. House prices, borrowing constraints, and monetary policy in the business cycle [J]. American Economic Review, 2005: 739-764.

[103] IACOVIELLO M, NERI S. Housing market spillovers: evidence from an estimated DSGE model [J]. American Economic Journal Macroeconomics, 2010, 2 (2): 125-164.

[104] IACOVIELLO M. Financial business cycles [J]. Review of Economic Dynamics, 2015, 18 (1): 140-163.

[105] IRELAND P N. Technology shocks in the new Keynesian model [J]. Review of Economics & Statistics, 2004, 86 (4): 923-936.

[106] KAIHATSU S, KUROZUMI T. Sources of business fluctuations: financial or technology shocks? [J]. Review of Economic Dynamics, 2014, 17 (2): 224-242.

[107] KIM C J, NELSON C R. Has the US economy become more stable? a Bayesian approach based on a Markov-switching model of the business cycle [J]. Review of Economics and Statistics, 1999, 81 (4): 608-616.

[108] KIM, CHANG-JIN, CHRISTIAN J M. Permanent and transitory components of recessions [J]. Empirical Economics, 2002, 27 (2), 163-83.

[109] KIM J. Constructing and estimating a realistic optimizing model of monetary policy [J]. Journal of Monetary Economics, 2000, 45 (2): 329-359.

[110] KING R G, PLOSSER C I. Money, credit, and prices in a real business cycle [J]. The American Economic Review, 1984, 74 (3): 363-380.

[111] KING R G, REBELO S T. Resuscitating real business cycles [J]. Handbook of macroeconomics, 1999 (1): 927-1007.

[112] KIYOTAKI N, MOORE J. Credit cycles [J]. Journal of Political Economy, 1997, 105 (2): 211-248.

[113] KIYOTAKI N. Credit and business cycles [J]. The Japanese Economic Review, 1998, 49 (1), 18-35.

[114] KYDLAND F E, PRESCOTT E C. Time to build and aggregate fluctuations [J]. Econometrica: Journal of the Econometric Society, 1982: 1345-1370.

[115] KOOP G, LEON-GONZALEZ R, STRACHAN R W. On the evolution of the monetary policy transmission mechanism [J]. Journal of Economic Dynamics & Control, 2009, 33 (4): 997-1017.

[116] LITTERMAN R B, WEISS L. Money, real interest rates, and output: a reinterpretation of postwar US data [J]. Economic Modelling, 1985 (45): 236-248.

[117] LUBIK T A, SCHORFHEIDE F. Testing for indeterminacy: an application to US monetary policy [J]. The American Economic Review, 2004, 94 (1): 190-217.

[118] LUCAS R E. Expectations and the Neutrality of Money [J]. Journal of economic theory, 1977, 4 (2): 103-124.

[119] MAGUD E N. Currency mismatch, openness and exchange rate regime choice [J]. Journal of Macroeconomics, 2010, 32 (1), 68-89.

[120] MCCANDLESS G T, WEBER W E. Some monetary facts [J]. Federal Reserve Bank of Minneapolis Quarterly Review, 1995, 19: 2-11.

[121] MCCALLUM B T. Monetarist rules in the light of recent experience [J]. The American Economic Review, 1984 (2): 388-391.

[122] MONACELLI T. New Keynesian models, durable goods, and collateral constraints [J]. Journal of Monetary Economics, 2009, 56 (2), 242-254.

[123] MUNDELL ROBERT A. Capital mobility and stabilization policy under fixed and flexible exchange rates [J]. Canadian Journal of Economic and Political Science, 1963, 29 (4): 475-485.

[124] MUNDELL, ROBERT A. Capital mobility and stabilization policy under fixed and flexible exchange rates [J]. Canadian Journal of Economic and Political Science, 1963, 29 (4): 475-485.

[125] MYERS C S, MAJLUF S N. Corporate financing and investment decisions when firms have information that investors do not have [J]. Journal of Financial Economics, 1984, 13 (2), 187-221.

[126] NOLAN C, THOENISSEN C. Financial shocks and the US business cycle [J]. Journal of Monetary Economics, 2009, 56 (4): 596-604.

[127] PRIMICERI, GIORGIO E. Time varying structural vector autoregressions and monetary policy [J]. The Review of Economic Studies, 2005, 72 (3): 821-952.

[128] SCHMITZ JR J A. What determines productivity? lessons from the dramatic recovery of the US and Canadian iron ore industries following their early 1980s crisis [J]. Journal of political Economy, 2005, 113 (3): 582-625.

[129] SMETS F, WOUTERS R. An estimated dynamic stochastic general equilibrium model of the Euro Area [J]. Journal of the European Economic Association, 2003, 1 (5): 1123-1175.

[130] SMETS F, WOUTERS R. Shocks and frictions in US business cycles: a Bayesian DSGE approach [J]. National Bank of Belgium Working Paper, 2007 (109).

[131] STIGLITZ E J, WEISS A. Credit rationing in markets with imperfect information [J]. American Economic Review, 1981, 71 (3), 393-410.

[132] TAYLOR J B. Aggregate dynamics and staggered contracts [J]. Journal of Political Economy, 1980, 88 (1): 1-23.

[133] TOWNSEND R M. Optimal contracts and competitive markets with costly state of verification [J]. Journal of Economic Theory, 1979, 21 (2), 265-293.

[134] HEIDEKEN. How important are financial frictions in the United States and the Euro Area? [J]. The Scandinavian Journal of Economics, 2009, 111 (3), 567-596.

[135] WOODFORD M. Inflation targeting and optimal monetary policy [J]. Federal Reserve Bank of St. Louis Review, 2004 (86): 15-42.